唐宋史料筆記叢刊

邵氏聞見後録

〔宋〕邵　博　撰
劉德權　李劍雄　點校

中華書局

圖書在版編目(CIP)數據

邵氏聞見後録/(宋)邵博撰;劉德權,李劍雄點校.—2版.—北京:中華書局,2017.7
(唐宋史料筆記叢刊)
ISBN 978-7-101-12535-1

Ⅰ.邵… Ⅱ.①邵…②劉…③李… Ⅲ.①筆記-作品集-中國-宋代②中國歷史-史料-宋代 Ⅳ.K244.066

中國版本圖書館CIP數據核字(2017)第068653號

新版責任編輯:楊 禕

唐宋史料筆記叢刊
邵氏聞見後録
〔宋〕邵 博 撰
劉德權 李劍雄 點校
*
中華書局出版發行
(北京市豐臺區太平橋西里38號 100073)
http://www.zhbc.com.cn
E-mail:zhbc@zhbc.com.cn
北京瑞古冠中印刷廠印刷
*
850×1168毫米 1/32 · 9¾印張 · 2插頁 · 140千字
1983年8月第1版 2017年7月北京第2版
2017年7月北京第5次印刷
印數:22601-25600册 定價:38.00元

ISBN 978-7-101-12535-1

目録

點校説明

邵氏聞見後録三十卷，或省稱聞見後録，宋人邵博作。自序説撰寫是書，係續其父邵伯温聞見録，故以後録名書。伯温書遂稱「前録」以應之。其書成於紹興二十七年（一一五七）。

有關邵博的生平事跡記載不多，僅據一些零星史料得知，字公濟，河南洛陽人，祖邵雍，父邵伯温，兄邵溥。邵博生年，史籍失載。他屢官右朝奉大夫，主管襲慶府仙源縣太極境。紹興八年（一一三八）十月，以趙鼎推薦，宋高宗許其「能文」，賜同進士出身。紹興九年（一一三九）三月，除祕書監校書郎兼實録院檢討官，五月，出知果州（陳騤撰南宋館閣録卷八誤作「泉州」）。紹興二十二年（一一五二）七月，以左朝散大夫知眉州。也曾在雅州爲官（見聞見後録卷二五）。據李心傳建炎以來繫年要録卷一六三載，因程敦厚向成都府轉運副使吴坰投匿名書，訐邵博過惡，提點刑獄公事周綰知其冤，閲實其事，以酒餽遊客及用官紙劄過數事，坐降三官。邵博憤憤不平，然無能爲力，只能訴之於天，在這期間完成的聞見後録有所反映。紹興二十八年（一一五八）四月，降授左朝散郎，是年卒於犍爲縣。

除此書外，邵氏其他著述，據宋史卷二〇八藝文志有邵博文集五十七卷，今已失傳。宋人陳造題邵太史西山集説西山集板在蜀，其「文章贍縟峻整傑出」（見江湖長翁文集卷二六）。清人厲鶚的宋詩紀事卷五〇也著録邵博西山集，惜不知卷數和内容。邵博的詩詞，今散見在全宋詞、宋詩紀事等書中，陸游跋邵公濟詩説：「夜讀公濟詩，超然高逸，恨未嘗得講世舊與文盟也。」（見渭南文集卷二六）可知當時他亦以詩名。

聞見後録同前録體例大致相同，但内容兼及經史子集，涉及方面頗廣。如作者在摘引尚書、易經、論語、孟子等經書時，對孔子、孟子等人的言行間加議論。評論史記、漢書、後漢書、三國志、晉書、舊唐書、新唐書等史籍，亦頗有見地；所記國史舊聞，要有本源；尤以輯録北宋遺事，如辨宣仁之誣，録司馬光章疏，都可資考訂。作者對楚詞、唐宋詩文等的評述及摘引前人的議論也時有新見，有關詩話及所記俳諧語，雋永者亦不少。此外，還涉及地理、方言、民俗、醫藥等，均有可採處。書中全載司馬光疑孟、李泰伯常語、陳瓘四明尊堯集、雷簡夫致韓琦、張方平、歐陽修推薦蘇洵的書啓三通等，皆他書所未見，賴此書以存，尤足珍貴。然而，書中語涉神怪，宣揚因果報應、封建道德等消極的東西，同時由於作者父、祖都和北宋政争和學派之争有關，所以不少地方流露出派系門户之見及挾有個人恩怨的評斷，某些内容乖離事實。這都是不足取的。後録有個别條目與前録重出，原因不明。在行文上，作者興之所至，筆亦隨之，文字或傷於疏，或近於枯澀。較之前録，微嫌瑣雜。但所載材料豐富，有一些真切的見聞，所以仍不失爲一部重要的宋人筆記，頗有參考價值。

本書卷數，據南宋陳振孫直齋書録解題、元朝馬端臨文獻通考俱作二十卷，不知是分卷不同，或係刊刻之誤。但説明聞見後録在南宋至元代已有流傳。今天能見到的邵氏聞見後録明刻本有：毛晉的津逮秘書本和祁承㸁的澹生堂餘苑本。清人黄丕烈曾用卷中有職思居齋記的明鈔本校津逮秘書本，道光二年（一八二二）沈欽韓曾校讀黄丕烈的校本，現珍藏北京圖書館。何焯又據津逮秘書本校以錢曾（遵王）的述古堂鈔本，後又校葉伯寅的明殘鈔本。商務印書館於戊午（一九一八）年，據曹秋岳鈔本、何焯校本排印，列入宋元人説部書中。這次點校整理，以商務本爲底本，除以津逮秘書本、學津討原本對校外，有些原引文不通或有可疑之處，還檢核了原書。此外，還參校了他書。

本書輯録了有關邵博的傳記資料、四庫提要等，附在書後以備參考。

一九八一年六月

邵氏聞見後録序

先人蚤接昔之君子，著其聞見，於篇甚嚴。博不肖，外繼有得，在前例爲合，間後出他記，不避也。或以司馬遷之書曰「太史公」，猶其父談云爾，曷緒之篇下，亦不失爲遷也。嗟夫，筆十四年獲麟已絶矣，續明年，又明年，孔丘卒。非是〔一〕。但曰聞見後録云。紹興二十七年三月一日丙寅，河南邵博序。

校勘記

〔一〕孔丘卒非是　疑有誤。

邵氏聞見後録卷第一

太祖既定天下，嘗令趙普等二三大臣，陳當今已施行、可利及後世者。普等歷言大政數十。〔一〕太祖俾更言其上者，普等歷畢思慮，無以言，因以爲請。太祖曰：「吾家之事，唯養兵可爲百代之利，蓋凶年飢歲，有叛民而無叛兵，不幸樂歲變生，有叛兵而無叛民。」普等頓首曰：「此聖略，非下臣所及。」予謂議者以本朝養兵爲大費，欲復寓兵於農之法，書生之見，可言而不可用者哉。

自唐以來，大臣見君，則列坐殿上，然後議所進呈事，蓋坐而論道之義。藝祖即位之一日，宰執范質等猶坐，藝祖曰：「吾目昏，可自持文書來看。」質等起進呈罷，欲復位，已密令中使去其坐矣，遂爲故事。

太宗以柴禹錫、趙鎔皆晉邸故吏，頗親任之。後禹錫、鎔告秦王廷美陰謀，事連宰相盧多遜。趙普與多遜有積怨，上章乞備樞軸以糾姦變。廷美謫房州，多遜謫崖州；擢禹錫樞密副使，鎔知樞密院。禹錫、鎔益散遣吏卒於國門内外偵事。吏卒有醉酒與讐書人韓玉鬬毆不勝者，又誣玉有指斥語。禹錫、鎔以聞，玉伏法。太宗尋知其冤，遂疎禹錫、鎔，不復信用，無幾，皆罷。廷美以太平興國七年五月遷房陵，九年正月卒。前詔以是年十一月有事於泰山。五月，迅雷中烈火作，焚乾元文明二殿，罷封泰山。柴禹錫病狂易，[二]趙普亦被重疾，委吏甄潛禱於終南上清宮。天神降語云：「普坐冤累耳。」廷美至真宗咸平二年，方自房陵歸葬汝州梁縣新豐鄉。前已追復涪王，謚曰悼。仁宗即位，贈太師尚書令，並出國史。[三]

國初，有神降於鳳翔府盩厔縣民張守真家，自言：「天之尊神，號黑殺將軍。」[四]守真遂爲道士。每神欲至，室中風肅然，聲如嬰兒，守真獨能辨之，凡百之人有禱，言其禍福多驗。開寶九年，[五]太祖召守真，見於滋福殿，疑其妄。十月十九日，命内侍王繼恩就建隆觀降神，神有「晉王有仁心」等語。明日太祖晏駕，晉王即位，是謂太宗。詔築上清太平宫於終南山下，封神爲翊聖將軍。出太宗實録、國史道釋志。[六]

符瑞志：[七]仁皇帝誕降，章懿后榻下生靈芝，一本四十二葉，以應享國四十二年之瑞云。仁皇帝四時衣袂，冬不御爐，夏不御扇，禀天地中和之氣故也。

燕恭肅王，仁皇帝叔父也。頗自尊大，數取金錢於有司，曰：「預計吾俸可也。」

積數百萬，有司以聞。詔除之，御史沈邈言其不可，帝慘然曰：「御史誤矣。太宗之子八人，惟王一人在耳。朕當以天下爲養，數百萬錢，不足計也。」

仁皇帝慶曆中親除王素、歐陽脩、蔡襄、余靖爲諫官，風采傾天下。王公言王德用進女口事，帝初詰以宫禁事何從知？公不屈。帝笑曰：「朕真宗之子，卿王旦之子，有世舊，豈他人比。德用實進女口，已服事朕左右，何如？」公曰：「臣之憂，正恐在陛下左右耳。」帝即命宫臣，賜王德用所進女口錢各三百千，押出内東門。訖奏，帝泣下。公曰：「陛下既不棄臣言，亦何遽也？」帝曰：「朕若見其人留戀不肯去，恐亦不能出矣。」少時，宫官奏宫女已出内東門，帝動容而起。

仁皇帝慶曆年，京師夏旱。諫官王公素乞親行禱雨，帝曰：「太史言月二日當雨，一日欲出禱。」公曰：「臣非太史，是日不雨。」帝問故，公曰：「陛下幸其當雨以禱，不誠也。不誠不可動天，臣故知不雨。」帝曰：「明日禱雨醴泉觀。」公曰：「醴泉之近，猶外朝也，豈憚暑不遠出耶？」帝每意動則耳赤，耳已盡赤，厲聲曰：「當禱西太乙宫。」公曰：「乞傳旨。」帝曰：「車駕出郊不預告，卿不知典故。」公曰：「國初以虞非常，今久太平，預告使百姓瞻望清光者衆耳，無虞也。」諫官故不扈從。明日，特召王公以從。日色甚熾，埃霧漲天，帝玉色不怡。至瓊林苑，回望西太乙宫，上有雲氣如香煙以起，少時，雷雹雨甚至，帝卻逍遥輦，御平輦，徹蓋還宫。又明日，召公對，帝喜曰：「朕自卿得雨，幸甚。」又曰：「昨即殿庭雨立百拜，焚生龍腦香十七斤，至中夜，舉體盡濕。」公曰：「陛下事天當恭畏，然陰氣足以致疾，亦當慎。」帝曰：「念不雨，欲自以身爲犧牲，何慎也。」〔八〕

仁皇帝内宴，十門分各進饌。有新蟹一品，二十八枚。帝曰：「吾尚未嘗，枚直幾錢？」左右對：「直一千。」帝不悦，曰：「數戒汝輩無侈靡，一下箸爲錢二十八千，吾不忍也。」置不食。李處度藏仁皇帝飛白「四民安樂」四字，旁題「化成殿醉書，賜貴妃」。嗚呼！雖酒酣、嬪御在列，尚不忘四民，故自聖帝明王以來，獨以仁謚之也。

諫官韓絳面奏仁皇帝曰：「劉獻可遺其子以書抵臣，多斥中外大臣過失，不敢不聞。」帝曰：「朕不欲留人過失於心中，卿持歸焚之。」嗚呼！與世主故相離間大臣，使各暴其短以爲明者，異矣。

韓絳又言：「天子之柄，不可下移，事當間出睿斷。」仁皇帝曰：「朕不憚，自有處分，深恐未中於理，有司奉行，則其害已加於人，故每欲先盡大臣之慮而行之。」嗚呼！與世主事無細大當否，類出手勑，用壓外庭公議者，異矣。

嘉祐二年秋，北虜求仁皇帝御容。議者慮有厭勝之術，帝曰：「吾待虜厚，必不然。」遣御史中丞張昇遺之，虜主盛儀衛親出迎，一見驚肅，再拜。語其下曰：「真聖主也。我若生中國，不過與之執鞭捧蓋，爲一都虞候耳。」其畏服如此。

嘉祐中，將修東華門。太史言：「太歲在東，不可犯。」仁皇帝批其奏曰：「東家之西，乃西家之東。西家之東，乃東家之西。太歲果何在？其興工勿忌。」

仁皇帝以嘉祐七年十二月丙申，幸天章閣，召兩府、兩制、臺諫等觀三朝御書。置酒賦詩於羣玉殿。庚子，再幸天章閣，召兩府以下觀瑞物十三種。一、瑞石，文曰「趙二十一帝」；二、瑞石，文曰「真君王萬歲」；三、瑞木，曰「大運宋」，隱起成文；四、七星珠；五、金山，重二十餘斤；六、丹砂山，重十餘斤；七、馬蹄金；八、軟石；九、白石，乳花；十、瑞木，左右異色；十一、瑞竹，一節有二絃並生其中；十二、龍卵，有紫斑而小；十三、鳳卵，色白而大。觀太宗真宗御集，面書飛白，命翰林學士王珪題姓名徧賜之。又幸羣玉殿置酒作樂，親諭以前日之燕草創，故再爲之，無惜盡醉。獨召宰相韓琦至榻前，酌鹿胎酒一大杯，琦一舉而盡。各以金盤貯香藥，分賜之。明年三月，帝升遐。故韓琦哀册文云「因驚前會之非常，似與羣臣而敍别」也。仁皇帝崩，遣使訃於契丹，燕境之人無遠近皆聚哭。虜主執使者手號慟曰：「四十二年不識兵革矣。」其後北朝葬仁皇帝所賜御衣，嚴事之，如其祖宗陵墓云。

真宗時皇嗣未生，以緑車旄節迎濮安懿王，養之禁中。至仁宗生，用簫韶部樂送還邸。後仁宗亦以皇嗣未生，用真宗故事，選近屬得英宗，養禁中，以至嗣位。英宗蓋濮王第十三子，殆天意也。

文思院奉上之私，無物不集。宣仁后同聽政九年，不取一物。嗚呼，賢哉！

上爲天下兵馬大元帥，至南都，筮日即帝位。昭慈太后遣内侍官邵成章以乘輿服御來，有一道冠，非人間之制，成章捧以奉上曰：「太母令奏殿下，祖宗以來，退朝燕閑不裹巾，只戴道冠。自神宗始易以巾，非舊制也。願殿下即位後，退朝燕閑，只戴此冠，庶幾如祖宗時氣象。」上流涕受之。

王制：「天子七廟。三昭三穆與太祖之廟而七。」明太祖之外，止有三昭三穆而已。前代帝王於太祖未正東嚮之時，大率所祀不過六世。初，英宗即位，祔仁宗而遷僖祖；

至神宗即位，祔英宗，復還僖祖而遷順祖。司馬文正公、范文忠公皆言：「僖祖當遷，太祖當正東嚮之位。」最後孫觀文固言：「漢高祖得天下，與商周異，故太上皇不得爲始祖。光武之興，亦不敢尊舂陵。今國家據南面之尊，享四海九州之奉者，皆太祖之所授也，不當以僖祖晉其祀，請以太祖爲始祖，而爲僖祖立廟，如周人别祀姜嫄之禮，禘祫之日奉祧主東嚮，此韓愈所謂祖以孫尊，孫以祖屈之意也。」丞相韓魏公讀之，嘆曰：「此議足以傳不朽矣！」王荆公薄禮學，又喜爲異，獨以爲不然。三公之議格不行，今太祖猶未正東嚮之位云。

元豐三年，初行官制，以階易官，寄禄新格：〔九〕中書令、侍中、同平章事爲開府儀同三司；左右僕射爲特進；吏部尚書爲金紫光禄大夫；五曹尚書爲銀青光禄大夫；左右丞爲光禄大夫；六曹侍郎爲正議大夫；給事中爲通議大夫；左右議諫爲太中大夫；祕書監爲中大夫；光禄卿至少府監爲中散大夫；太常至司農少卿爲朝議、六曹郎中爲朝請、朝散、朝奉大夫，凡三等；員外郎爲朝請、朝散、朝奉郎，凡三等，起居舍人爲朝散郎；司諫爲朝奉郎；正言、太常、國子博士爲承議郎；太常、祕書、殿中丞爲奉議郎；太子中允、贊善大夫、中舍、洗馬爲通直郎；著作佐郎、大理寺丞爲宣德郎；光禄衛尉寺、將作監丞爲宣義郎；大理評事爲承事郎；太常寺太祝、奉禮郎爲承奉郎；祕書省校書郎、正字、將作監主簿爲承務郎。今歲月浸遠，舊官制少有知者，予故詳出之。

元符末，徽宗即位，皇太后垂簾同聽政。〔一〕詔復哲宗元祐皇后孟氏位號，自瑤華宫入居禁中。有馮澥者，論其不可曰：「上於元祐后，叔嫂也，叔無復嫂之禮。」程伊川謂先人曰：「元祐后之賢，故也，論亦未爲無禮。」先人曰：「不然。禮曰『子甚宜其妻，父母不悦，出。子不宜其妻，父母曰：是善事我，子行夫婦之禮焉』。皇太后於哲宗，母也；於元祐后，姑也；母之命，姑之命，何爲不可？非上以叔復嫂也。」伊川喜曰：「子之言得矣。」

紹興己未春，金人初許歸徽宗梓宫，宰臣上陵名永固，有王銍者言：「犯後魏明帝、後周文宣二后陵名。」下祕書省參考，如銍言。然前漢平帝、後漢殤帝、十國劉龑同曰康陵，〔二〕本朝順祖亦曰康陵；後魏明帝、後周宣帝、唐中宗同曰定陵，本朝翼祖亦曰定陵；〔三〕前漢惠帝、唐懿宗王后同曰安陵，〔三〕本朝宣祖亦曰安陵；唐太宗曰昭陵，本朝仁宗曰永昭陵；後魏宣武后曰永泰陵，唐玄宗曰泰陵，本朝哲宗亦曰永泰陵；蓋本朝陵名犯前代陵名者不一，祖宗以來不避也。予時爲校書郎，爲祕監言，具白丞相，不報。再議徽宗陵名，改永祐云。

本朝太祖、神宗、哲宗實録，皆有二本。其更修各有自云。

國初，詔有司：周文、武、成、康陵，各具衮冕掩閉，亦不免唐末、五代暴發之禍矣，漢、唐以下陵墓，不足道也。

先人在元符年，奏書直宣仁后事。刑部有罪籍者，三十年不赦。晚著辯誣，猶三十年奏書也。國有誣諜，豈可直？先人疾病，撫其書曰：「但俱吾藏山中耳。」上聖明元年之三日，詔揚宣仁后之功，削誣諜，下有司索先人辯誣。先人已薨，予兄弟追懷遲慮未敢上，有司急以復命，則奏曰：「與其藏諸名山，爲百世未見之書，曷若上於公朝，補一代不刊之史。」詔以辯誣祕著作之庭。謹按新史亦作辯誣一書，著得於先人辯誣者，每曰河南邵某云。初無先人斥一時用事者之言也。用事者之家，意予兄弟近擬一書以附國論，又誣矣。故具列上元年二日詔哲宗實録曾丞相以下文字，以明今日正論，不獨自先人辯誣出云。

校勘記

〔一〕大政　津逮本、張海鵬學津討原本（以下簡稱學津本）皆作「大功」，義亦可通。

〔二〕狂易　「易」原作「陽」，據學津本改。按，漢書卷九七下外戚傳載「素有狂易病」，作「易」是。

〔三〕並出國史　以上四字，津逮本、學津本皆作小註。

〔四〕黑殺將軍　「殺」原作「煞」，據津逮本、學津本、錢本、曹本改。按，續資治通鑑長編（以下簡稱長編）卷一七作「黑殺將軍」，則作「殺」是。

〔五〕開寶九年　「九」，津逮本、學津本作「元」，錢本、曹本作「九」。按，長編卷一七作「開寶九年」，似作「九」爲是。

〔六〕出太宗實録國史道釋志　以上十字，津逮本、學津本皆作小註。

〔七〕符瑞志　以上三字，津逮本、學津本皆作小註，錢本連上條作小註。

〔八〕仁皇帝慶曆年……何慎也　按，長編卷一四一引此條之文與本條略有不同。「慶曆年」作「慶曆三年」，「是日不雨」作「知是日不雨」，「不遠出」作「不可遠出」，「使百姓」作「但百姓」，「十七斤」作「十七斛」，「事天」作「祀天」，「亦當慎」、「何慎也」之「慎」作「戒」。

〔九〕寄禄新格　按，宋史卷一六一職官志謂元豐三年九月，詳定所上寄禄格，無「新」字。

〔一〇〕皇太后　「太」原作「六」，依學津本、曹本改。按，宋史卷一九徽宗本紀謂元符三年哲宗崩，皇太后垂簾聽政。邵氏聞見前録卷五謂「元符末，上皇即位，皇太后垂簾同聽政」。則作「太」是。

〔一一〕劉龑　「龑」，津逮本作「龔」、曹本作「龔」。按，舊五代史卷一三五劉陟傳謂劉陟曾改名劉巖，即劉龑，又改名劉龔，晉天福七年卒，陵曰康陵。則作「龑」、「龔」皆是。

〔一二〕翼祖　「翼」，津逮本，學津本、錢本皆作「僖」。按，宋史卷一二三禮志曰：「太祖建國，號僖祖曰欽陵，順祖曰康陵，翼祖曰定陵，宣祖曰安陵。」則作「翼」是。

〔一三〕前漢惠帝　「惠」，津逮本，錢本均作「後」。按，宋徐天麟撰西漢會要卷一九謂惠帝，陵曰安陵。

邵氏聞見後録卷第二

建炎元年五月二日手詔

建炎元年五月二日，門下中書省、樞密院同奉聖旨：「宣仁聖烈皇后保佑哲宗，有安社稷大功。姦臣懷私，誣蔑聖德，著在國史，以欺後世。可令國史院別差官，摭實刊修，播告天下。其蔡確、蔡卞、邢恕、蔡懋，三省取旨行遣，仍不得引用。建炎元年五月一日勑。」

哲廟實録

先是，元豐七年三月大燕，中燕延安郡王侍，王珪率百官賀。及升殿，又諭王與珪等相見，復分班，再拜稱謝。是冬，諭輔臣曰：「明年建儲，當以司馬光、吕公著爲師保。」神宗彌留，后勑中人梁惟簡曰：「令汝婦製一黄袍，十歲兒可衣者，密懷以來。」蓋爲上倉猝踐祚之備。神宗太母所以屬意於上者，確然先定，無纖介可疑。邢恕，傾危士也，少游光、公著間。蔡確得師保語，求所以結二公者，而深交恕。確爲右僕射，累遷恕起居舍人。一日，確遣恕要后姪光州團練使公繪、寧州團練使公紀，辭不往。明日，又遣人招至東府，確曰：「宜往見邢舍人。」恕曰：「家有桃着白華，可愈人主疾，其説出道藏，幸留一觀。」入中庭，紅桃華也。驚曰：「白華安在？」恕執二人手曰：「右丞相令布腹心。〔一〕上疾未損，延安冲幼，宜早定議，岐、嘉皆賢王也。」公繪等懼曰：「君欲禍吾家。」徑去。已而恕反謂后與珪爲表裏，欲捨延安而立其子顥，賴己及惇、確，得無變。確使山陵，韓縝簾前具陳恕等所以誣太后者，〔二〕使還，言者暴其姦，〔三〕再貶知隨州，〔四〕確尋竄新州。劉摯拜右僕射，恕坐黨與，謫監永州酒税。紹聖二年，除恕待制、知青州，章惇、蔡卞執政。謀所以釋憾於元祐舊臣者，知恕險鷙，果於誣罔，又銜摯等黜己，方思有所逞，爲確報投荒之怨，召爲御史中丞。於是，日夜論劉摯、梁燾、王巖叟等謀廢立，又造司馬光送范祖禹赴召，有「主少國疑，宣訓事可慮」語，〔五〕以實后屬意徐邸之謗；又訹高士京上書，告王珪嘗令高士充問其父遵裕偵太后之意欲誰立？遵裕叱遣，士充乃去；又教確之子渭進文及甫廋語書，有「司馬昭之心，路人所知」等語，以斥渭、摯等有廢上謀。惇、卞起同文館獄，使蔡京、安惇窮治，於是時中人郝隨，日夜媒孽稱制時事，眩惑左右，惇、卞交關謀議，奉行文書於外，作追廢太皇太后詔，請上宣讀於靈殿。欽聖獻肅皇太后、欽成皇后苦要上，語甚悲，曰：「吾二人日侍崇慶，天日在上，此語曷從出？且上必行此，亦何有於我！」上感悟，取惇、卞奏，就燭焚之。禁中相慶，而隨等不悦。明日，惇、卞理前請。上怒曰：「卿等不欲朕入英宗神御殿乎！」抵其奏於地。同文之獄，追逮后殿御藥官張士良，脅以刀鋸、鼎鑊，無所得。又適有星變，詔曰：「朕遵祖宗遺志，未嘗誅戮大臣，釋勿治。」恕徒以詘於進取，極口造言，仇執政以逞。適惇、卞用事，凶德參會，捨不利之謀，無以激怒人主。廢辱之禍，幾上及於君親，曾不以爲忌，而尚何有於臣下之家？推迹讒口，開禍亂原，雖江充、息夫躬，尚何以加？上尤善知人，灼見是非邪正，以照臨百官中外，罔有遁情。如謂嘉問、居厚輩，〔六〕誠不可用，留邢恕於朝，置周秩言路，必無安静之理，皆切中蒐慝。

御史中丞傅堯俞、諫議大夫梁燾范祖禹、右正言劉安世、殿中侍御史朱光庭交章論確怨謗不道，人臣所不忍聞。按確與章惇、黄履、邢恕在元豐末，結爲死黨，自謂聖主嗣位，皆有定策之功。確所以桀驁狠愎，無所畏憚，若不早辨白，解天下之疑，恐歲月寖久，邪説得行，離間兩宫，有傷慈孝。於是，太皇太后御延和殿，宣諭三省、樞密院大臣曰：「皇帝是神宗長子，子承父業，其分當然。昨神宗服藥既久，曾因宰執入對，吾以皇子所書佛經宣示，是時衆中惟首相王珪因奏延安郡王當爲皇太子，餘人無語，確有何策立之功！若他日復來，欺罔上下，豈不爲朝廷之害！」遂責確英州别駕，新州安置，仍給遞馬發遣。惇、履、恕亦皆得罪。

曾丞相布手記

三省用葉祖洽言，〔七〕追貶王珪昌化軍司户參軍，〔八〕追賜第遺表恩例及子孫等，如劉摯等旨揮。再對，未及奏事，上遽宣諭：「王珪當先帝不豫時，持兩端，又召遵裕子與議事。當時黄履曾有文字論列，〔九〕及同列敦迫，其後方言上自有子。」布云：「此事皆臣等所不知，但累見章惇、邢恕等道其略，不知黄履章疏在否？」上云：「有。」

布等聞禁中無此章，履曾於紹聖初録奏。比三省又令履録私藁以爲質證。

是日，又聞蔡渭上書。言文及甫元祐中以書抵邢恕云：「劉摯、傅堯俞、梁燾輩有師、昭之迹。」又云：「此輩皆不樂鷹揚。」又言：「必欲置眇躬於快意之地而後已。」而恕嘗以此書示蔡碩。〔一〇〕三省召恕問之有實，遂令恕繳奏。有旨令蔡京、安惇根究。書中目傅爲粉，〔一一〕燾爲昆，蓋以其字况之也。鷹揚謂其父。及甫云：「此輩不樂其父，不敢妄進，師、昭之説，乃詆訐之語，至于眇躬，不知何謂？執政有以爲指斥者。」余以問夔，言此輩有此心。余云：有心須有迹。夔云：無迹即無事。沖云：此事可大可小。蓋言眇躬若文及甫自謂，即無他矣。然元祐中人，自分兩黨，其相詆訐，乃至於此，可怪。恕、碩交通，尤可駭。

梁燾卒，余謂子中云：「早知此，則不復力陳矣。」子中云：「不然，其他所陳，有補者不一，亦不爲徒發。」子中又云：「對留甚久，衆皆云，有如中丞之對也。」先是，紹聖初，蔡確母明氏有狀言邢恕云：「梁燾曾對懷州致仕人李詢言，若不誅確，〔一二〕於徐邸豈得穩便？」尋不曾施行。既而，因及甫、唐老事，蔡渭曰夔云：「唐老事何足治，何不治梁燾？」夔遂檢明氏狀進呈。下究問所推治，究問所以問恕，云得之尚朱；遂召朱赴闕，朱所陳恕語，云得之李詢；又下詢問狀，云實聞燾此語，遂欲按燾而徙之也。自去歲因蔡碩言文及甫嘗有書抵邢恕云，劉摯有師、昭之心，行道之人所共知也。遂下恕取及甫書。恕以聞，遂差蔡京、安惇置究問公事所，於別試所攝及甫詰之，云得之父彦博，然終無顯狀。京又令及甫疏摯黨人，納於上前，於龔源、孫諤輩皆是。以及甫言，未可施行。蓋謂摯等與陳衍等交通，有廢立之意，乃柳州安置。〔三〕詔宦者張士良與衍同爲御藥，主宣仁閤中文字，而其言亦無顯狀。但云衍嘗預知來日三省所奏事，作掌記與太母爲酬答執政之語，太母每垂簾，但誦之而已。又言太母彌留時，衍可否二府事，晝夜畫依畫可，〔四〕及用御寶，皆出於衍而不以稟上也。既而獄終未決，及甫置在西京，士良寄禁府司。

晁待制説之撰邢尚書之子居實墓表中語：予嘗謂：趙括少談兵，而父奢不能難者，非不能難也，不欲怒之也。劉歆之異同其父向，非爲斯文也，漢庭與新室不可並處也。如惇夫於尚書公，則於斯文而不能難者也，是曾參之事點也，非元之事曾參也。移此其忠，顧惟古之大臣哉！嗟夫，古人之不壽者，予得二人焉：王子晉年十有五，識聖賢治亂之原，而極天人死生之符；顔子年二十有九，頹然陋巷中，有爲邦之志，夫子告之以四代之禮樂，所謂具體而微者，〔一五〕果知顏子哉！其次則又有二：揚雄之子童烏，九歲而存，則玄當著明，無待於侯芭；〔一六〕魏武之子倉舒，十三而存，則漢之存亡雖未可知，必不至於殺荀文若輩矣。則惇夫之壽夭，所係者可勝言耶。

黄著作庭堅荆江亭詩曰：「魯中狂士邢尚書，自言挾日上天衢。〔一七〕敦夫若在鐫此老，不令平地生崎嶇。」敦夫名居實，早死，尚書公子也。

王宗丞鞏聞見録著王棫事：武臣王棫爲邢恕教令，上書誣宣仁於哲宗有異心。恕又教蔡渭等上書論元祐及元豐末等事，其書一篋悉存，皆恕手筆，其間塗竄者非一。棫於哲宗朝論之，得閤門職名。既死，其子直方，時出恕之書以示親密者。自元豐末至宣仁上僊，無不被誣者，於王珪尤甚。直方死，其書歸晁載之云。

江贊讀端友書：靖康元年月日，諸王府贊讀臣江端友昧死再拜上書皇帝陛下：臣伏覩宣仁聖烈皇〔一八〕后當元豐末垂簾聽政，保佑哲宗皇帝，起司馬光爲宰相，天下歸心焉。九年之間，朝廷清明，海内乂安，人到於今稱之。其大公至正之道，仁民愛物之心，可以追配仁宗。至於力行祖宗故事，抑絶外家私恩，當是時耆老盛德之士，田野至愚之人，皆有復見女中堯舜之語。且功德巍巍如此，天下歌誦如彼。而一邢恕搆造無根之語以爲謗議，使後世疑焉，如日月之明而浮雲蔽之，臣不勝痛恨。初，元豐中，高遵裕大敗於靈武，責散官安置。未幾，神宗崩，哲宗嗣位。宰臣蔡確以謂遵裕者，宣仁之族叔也。即建請牽復，以悦宣仁之意，而不知宣仁之不私其親也。宣仁簾中宣諭曰：「遵裕喪師數十萬，先帝緣此震驚，悒悒成疾，以至棄天下。今肉未寒，吾豈忍遽私骨肉而忘先帝，推恩獨不可及遵裕。」確謀大沮。後確責知安州，作詩譏訕，坐貶新州。而邢恕乃確之腹心也，偶與遵裕之子士京中山同官，遂以垂簾時不推恩牽復事激怒之。使上書言王珪曾遣遵裕之子士充來議策立事，遵裕斥去之。士充庸懦不識字，〔一九〕實恕教之爲書。士充疎遠小臣，素不識珪，珪安得與之議及社稷大計，又何從輒通宮禁語言？且上書時，珪、遵裕、士充亦皆死矣，何所考按？臣竊聞元豐八年時政記，即蔡確所修也。其載三月中策立事甚詳，何嘗有一疑似之言！恕之本心，但謂不顯王珪異同，則難以歸功蔡確，而不知厚誣聖母之罪大也。恕之爲人，非獨有識之士無取，其子居實，亦不樂其父所爲也，天下皆知之。章惇，排斥元祐者也，在簾前奏事，悖傲不遜，都堂會議，以市井語誚侮同列，豈忠厚君子哉！尚云極力以消除徐王覬覦之謗，惇與王珪、蔡確同爲執政，受顧命，使當時果有異同，豈肯復爲此言乎！則怨之謗，可謂欺天矣。緣此，紹聖中蔡卞獨倡追廢聖母之議，賴哲宗仁孝，不聽其説。不然，人神痛憤，失天下心，爲後世笑，悔可及乎？自比年以來，天變屢作，禍亂繁興，水旱相仍，夷狄内侮，安知非祖宗在天之靈赫怒於斯耶？至於高氏一族，銜冤抱恨，無所伸雪，亦足以感傷和氣，召致災祥，未必不由此也。臣竊惟聖人之德莫先於孝祖廟，帝王之政必急於明是非，陛下即位以來，登用賢俊，退斥姦邪，如追贈司馬光等，既已辯人臣之謗而明是非矣。而宣仁聖烈皇后者，神宗之母、陛下之曾祖母也。負謗三十餘年，公卿大臣未嘗以一語及之，可不痛乎！范純仁遺表有云，宣仁之誣謗未明，使純仁在朝廷，必能辯之也。臣願陛下勅有司，檢求案牘，推究言語之端，發之於誰何？其證佐安在？則小人之情見矣。誕發明詔，曉諭中外，庶使遠邇臣民，疑議消釋，涣然如春冰之遇太陽，豈不快乎！然後以策告宣仁及神祖廟，上以慰在天之靈，下以解人神之憤。昔漢靈帝夢威宗，怒其責宋皇后；周成王時，皇天動威，彰周公之德。以此知宗廟之靈，禍福之變，甚可懼也。宣仁之謗，臣以爲陛下惟不聞耳。聞而不辯，豈所謂教天下以孝乎？臣不勝區區之情，惟陛下裁擇。臣端友惶恐昧死再拜。

校勘記

〔一〕右丞相　「右」，津逮本、學津本、錢本皆作「左」，葉本、曹本作「右」。按，長編紀事本末卷九〇哲宗新録作「右丞相」。

〔二〕韓縝　「縝」，曹本作「績」。按，長編紀事本末卷九〇哲宗新録作「韓縝」。

〔三〕言者暴其姦　「言」，津逮本、錢本均作「賢」。

〔四〕隨州　「隨」，津逮本、錢本均作「道」，學津本、葉本、曹本皆作「隋」。按，長編紀事本末卷九〇哲宗新録作「隨」，宋史卷八五京西南路有「隨州」，當作「隨」是，并據改。

〔五〕宣訓　「宣」，津逮本無。按，長編卷四八六、長編紀事本末卷一〇二、續資治通鑑（下簡稱續通鑑）卷八五皆作「方今主少國疑，宣訓事不可不慮。宣訓者，北齊武明婁太后宫名也。」作「宣訓」是。

〔六〕居厚輩　「厚」，津逮本、錢本、葉本、曹本皆作「後」。

〔七〕葉祖洽　「葉」，津逮本、錢本均作「蔡」。按，宋史卷三五四葉祖洽傳，言祖洽密言王珪事，珪遂追貶。則作「葉」是。

〔八〕追貶王珪昌化軍司户參軍　按，宋史卷三一二王珪傳、長編卷四八六、續通鑑卷八五均作「萬安軍司户參軍」，似作「萬安軍」是。

〔九〕當時黄履曾有文字論列　「當時黄履」，津逮本、錢本均作「當王時履」。按，黄履字安中，宋史卷三二八有傳。宋史卷三五四謂黄履對王珪事有所論列，長編卷四八六作「當時黄履曾有文字論列」，此當作「黄履」。

〔一〇〕蔡碩　「碩」原作「確」，據學津本、葉本、曹本改。按，宋史紀事本末卷四四謂「恕以書示蔡確之弟碩」。下文言「恕、碩交通」，則作「蔡碩」爲是。

〔一一〕目傳爲粉　「目」，錢本、曹本作「自」，學津本作「白」。

〔一二〕若不誅確　「誅」，曹本作「追」。長編卷四九五作「誅」。

〔一三〕柳州　説部本轉引一本作「郴州」。長編四九五亦作「郴州」。似作「郴州」是。

〔一四〕晝夜晝依晝可　曹本作「晝依晝可」，學津本作「晝依可」，津逮本作「晝夜可」，葉本作「晝依□可」。

〔一五〕微者　「者」，津逮本無，錢本作「晉」。

〔一六〕侯芭　「芭」，津逮本、錢本作「巴」。按，漢書卷八七揚雄傳：「侯芭從揚雄受太玄等，則作「芭」是。

〔一七〕挾日「挾」，曹本作「扶」。按，豫章黄先生文集（四部叢刊本）卷七病起荆江即事十首作「扶」。

〔一八〕江贊讀端友書……宣仁聖烈皇　此三十九字，津逮本無。

〔一九〕士充「充」，津逮本、錢本作「京」。按，高士充、高士京都是高遵裕之子，據文義，似作「士充」是。

邵氏聞見後録卷第三

東坡先生傳禹貢「三江既入，震澤底定」曰：「三江之入，〔一〕古今皆不明，予以所見考之。自豫章而下入於彭蠡而東至海，爲南江；自蜀岷山至於九江彭蠡以入於海，爲中江；自嶓冢導漾，東流爲漢，過三澨大别以入於江，東匯澤爲彭蠡以入于海，爲北江。此三江，自彭蠡以上爲二，自夏口以上爲三，江漢合於夏口而與豫章之江皆匯于彭蠡，則三爲一，過秣陵京口以入于海，不復三矣。然禹貢猶有三江之名，曰『北』曰『中』者，以味别也。蓋此三水，性不相入，江雖合而水則異，〔二〕故至于今有三泠之説。古今稱唐陸羽知水味，三泠相雜而不能欺，不可誣也。予又以禹貢之言攷之，若合符節。禹貢之敍漢水也，曰：『嶓冢導漾，東流爲漢，又東爲滄浪之水，過三澨，至于大别，南入于江，東匯澤爲彭蠡，東爲北江，入于海。』夫漢既已入江，且匯爲彭蠡矣，安能復出爲北江以入于海乎？知其以味别也。禹之敍江水也，曰：『岷山導江，東别爲沱，又東至於澧，過九江，至于東陵，東迆北會于匯，東爲中江，入于海。』夫江已與漢合且匯爲彭蠡矣，安得自别爲中江以入于海乎？知其以味别也。漢爲北江，岷山之江爲中江，則豫章之江爲南江，不言而可知矣。禹以味别，信乎？曰：『濟水既入于河，而溢爲滎。』禹不以味别，則安知滎之爲濟也？堯水之未治也，東南皆海，豈復有吴越哉！及彭蠡既瀦，三江入海，則吴越始有可宅之土，水之所鍾，獨震澤而已。故曰：『三江既入，震澤底定。』孔安國以爲『自彭蠡江分爲三，入震澤爲北江，入于海』疏矣。蓋安國未嘗南游，按經文以意度之，不知三江距震澤遠甚，決無入理，而震澤之大小，決不足以受三江也。班固曰：『南江從會稽吴縣南入海；中江從丹陽蕪湖縣西，東至會稽陽羡東入海；北江從會稽毗陵縣北東入海。』會稽丹陽容有此三江，然皆是東南枝流小水，自相派别而入海者，非禹貢所謂中江北江自彭蠡出者也。人徒見禹貢有三江中北之名，而不悟一江三泠，合流而異味也，故雜取枝流小水，以應三江之數。如使此三者爲三江，則是與今京口入海之江爲四矣。京口之江視此三者猶畎澮，禹獨遺大而數小，何耶？」世謂先生論三江以味别，自孔子删定書以來，學者不知也。然予讀唐史，高宗問許敬宗：「書稱『浮於濟漯』，今濟與漯斷不相屬，何故而言？」〔三〕敬宗曰：「夏禹導沇水，東流爲濟，入於河。今自漯至溮而入河，〔四〕

水自此洑地過河而南，出爲滎，又洑而至曹、濮，散出於地，合而東，汶水自南入之，所謂『泆爲滎，東出於陶丘，又東會於汶』是也。古者五行皆有官，水官不失職，則能辨味與色。潛而復出，合而更分，皆能識之。」蓋江河以味别，敬宗先言之矣！東坡先生不表見之者，嫌其姓名汙簡册耳。

王弼注：『鼎折足，覆公餗，其形渥，凶。』以爲沾濡之形也。」蓋弼不知古易「形」作「刑」、「渥」作「剭」、「剭」音「屋」，故新唐書元載贊用「刑剭」，亦周禮剭誅云。

書首堯舜，詩首文王，春秋首魯隱公，史記世家首吴泰伯、列傳首伯夷，讓之爲德也，大矣哉！

孔子贊周公、贊召公，不贊太公。顔子得位，爲堯、舜、文王；孟子得位，爲湯、武。韓退之羑里操云：「臣罪當誅兮，天王聖明。」知文王之心者也。

昔孟子欲言周禮，而患無其籍。今周禮最後出，多雜以六國之制，〔五〕大要瀆祀斂財、宂官擾民，可施於文，不可措於事者也。先儒以爲六國陰謀之書，則過矣。晁伯以更以爲新室之書也，〔六〕曰詩書但稱四嶽，新室稱五嶽，周禮亦稱五嶽，類此不一，予頗疑之。後得司馬文正公日記，上主青苗法曰：「此周禮泉府之職，周公之法也。」

光對曰：「陛下容臣不識忌諱，臣乃敢昧死言之。昔劉歆用此法以佐王莽，至使農商失業，涕泣於市道，卒亡天下，安足爲聖朝法也？且王莽以錢貸民，〔七〕使爲本業，計其所得之利，十取其一。比於今日，歲取四分之息，猶爲輕也。」上曰：「王莽取天下，本不以正。」光對曰：「王莽取之雖不以正，然受漢家完富之業，向使不變法征利，結怨於民，猶或未亡也。」是文正公意，亦以周禮多新室之事也。自王荆公藉以文其政事，盡以爲周公之書，學者無敢議者矣。

孔子答羣弟子問孝，不過一二言，至曾子則特爲著經。又「夫子之文章，可得而聞；性與天道，不可得而聞也」。其告曾子，猶曰「吾道一以貫之」。蓋顔淵死，孔子之所付授者，曾子一人耳。至孔子没，子夏、子游、子張，以有若貌類孔子，欲以事孔子者事之，獨曾子不可，曰：「江漢以濯之，秋陽以暴之，皜皜乎，不可尚已。」其絶識亦非餘子可及也，獨不在四科之列，世頗疑之。或曰，顔淵等十人，同在陳蔡者，曾子以孝不去其親，故不在；或曰，孔子弟子，曾子最少，少孔子四十六歲。論語書曾子死，則論語自曾子弟子子思之徒出無疑。曾子嘗與其徒追記孔子稱顔淵等之言，曾子以朋友各字之，於孔子稱曾子之言，自不記也，果孔子之言則名之矣。當曰，德行：顔回、閔損、冉耕、冉雍；言語：宰予、端木賜；政事：冉求、仲由；文學：言偃、卜商也。蓋論語之法，師語弟子則名之，弟子對師，雖朋友亦名之，自相謂則字之，此説爲近。如曰陳蔡之厄，孔子有死生之憂，欲表其人於後世，故用春秋之法，字以褒之。則「賢哉回也」、「賜也可與言詩」、「偃之言是也」、「雍也可使南面」，獨非褒乎？

楊氏爲我過於義，墨氏兼愛過於仁，仁義之過，孟子尚以夷狄遇之，誅之不少貸。同時有莊子者，著書自堯舜以下，無一不毁，毁孔子尤甚，詩書禮樂，刑名度數，舉以爲可廢，其叛道害教非楊墨二氏比也。莊子蒙人，孟子鄒人，其地又相屬，各如不聞，如無其人，何哉？惟善學者能辨之。若曰莊子真詆孔子者，則非止不知莊子，亦不知孟子矣！

孔子曰「君君臣臣，君不君，臣不臣」，理也。孟子則曰：「君之視臣如手足，則臣視君如腹心；君之視臣如犬馬，則臣視君如國人；君之視臣如土芥，則臣視君如寇讎。」蓋孔子不忍言者，孟子盡言之矣。

孟子曰：「徐行後長者，謂之弟；疾行先長者，謂之不弟。」元豐末年，詔以孟子配饗孔子廟，巍然冠冕，坐於顔子之次，師曾子坐席下，師子思立廡下，豈但行於長者之先哉？果孟子有神，其肯自違平生之言，必不敢享矣！

老萊子聞穆公欲相子思，問曰：「若子事君，將何以爲乎？」子思曰：「順吾性而以道輔之，〔八〕無死亡焉。」老萊子曰：「不可。順子之性也，子性清剛而傲不肖，〔九〕且又無所死亡，非人臣也。」子思曰：「不肖，固人之所傲也。夫事君，道行言聽，則可以有所死亡；道不行言不聽，則亦不能事君，謂無死亡也。」老萊子曰：「不見夫齒乎！雖堅固，卒以相磨。舌柔順，終以不敝。」子思曰：「吾不能爲舌，故不能事君。」予讀子思書，知孟軻氏之剛，固有師也。

司馬文正公太玄説，其略曰：「揚子雲真大儒者耶！孔子既没，知聖人之道者，非子雲而誰？孟與荀殆不足擬，況其餘乎！觀玄之書，明則極於人，幽則盡於神，大則包宇宙，細則入毛髮，合天地人之道以爲一。括其根本，示人所出，胎育萬物而兼爲之母。若地，履之而不可窮也；若海，挹之而不可竭也。蓋天下之道，雖有善者，蔑以易此矣。考之於渾元之初而玄已生，察之於當今而玄非不行，窮之於天地之季而玄不可亡，〔一〇〕叩之於萬物之情而不漏，〔一一〕測之以鬼神之狀而不違，槩之以六經之言而不悖，藉使聖人復生，視玄必釋然而笑，以爲得己之心矣。乃知玄者以贊易也，非別爲書與易角逐也。」予謂文正公以誠以謙爲學之本，果於玄無所見，肯爲此言乎！程伊川以玄爲贊者，〔三〕非也。伊川之門人以文正公不知先天之學者，亦非也。

校勘記

〔一〕三江之入　「入」，津逮本、學津本、曹本均作「解」。

〔二〕江雖合而水則異　「則」，津逮本、學津本、曹本皆作「味」。

〔三〕何故而言　「言」，曹本作「然」。按，新唐書卷一四八姦臣傳載許敬宗言作「然」字。

〔四〕自漯至溻而入河　「溻」，曹本作「濟」，津逮本作空一格。按，新唐書卷一四八載許敬宗言作「溫」字。

〔五〕多雜以六國之制　「制」，津逮本、學津本均作「事」。

〔六〕更以爲新室之書也　「更」，葉本作「吏」。「以」，津逮本、學津本均作「生」。

〔七〕王莽以錢貨民　按，漢書卷九九中王莽傳云：「令市官收賤賣貴，賒貸予民，收息百月三。」則「貨民」似作「貸民」。

〔八〕以道輔之　「輔」，津逮本、錢本作「事」。

〔九〕子性清剛而傲不肖　「清」，曹本作「情」。

〔一〇〕天地之季　「季」，曹本作「本」。

〔一一〕萬物之情　「情」，津逮本、錢本作「清」。

〔一二〕以玄爲贊者　「贊」，學津本、曹本作「賛」。今按，以文義考之，疑作爲「晉」爲是。

邵氏聞見後録卷第四

司馬文正公作文中子補傳曰：文中子王通，字仲淹，河東龍門人。六代祖玄則，仕宋，歷太僕、國子博士；兄玄謨，以將略顯，而玄則用儒術進。玄則生焕，焕生虬。齊高帝將受宋禪，誅袁粲，虬由是北奔魏，魏孝文帝甚重之，累官至并州刺史，封晉陽公，謚曰穆，始家河、汾之間。虬生彦，官至同州刺史。彦生傑，官至濟州刺史，封安康公，〔一〕謚曰獻。傑生隆，字伯高，隋開皇初，以國子博士待詔雲龍門。隋文帝嘗從容謂隆曰：「朕何如主？」隆曰：「陛下聰明神武，得之於天，發號施令，不盡稽古；雖負堯舜之資，終以不學爲累。」帝默然有間，曰：「先生，朕之陸賈也。何以教朕？」隆乃著興衰要論七篇，奏之。帝雖稱善，亦不甚達也。歷昌樂、猗氏、銅川令，棄官歸，教授，卒於家。隆生通。自玄則以來，世傳儒業，通幼明悟好學，受書於東海李育，受詩於會稽夏琠，受禮於河東關朗，受樂於北平霍汲，受易於族父仲華。仁壽三年，通始冠，西入長安，獻太平十二策，帝召見，嘆美之，然不能用，罷歸，尋復徵之，煬帝即位，又徵之，皆稱疾不至，專以教授爲事，弟子自遠方而至者甚衆。乃著禮論二十五篇、樂論二十篇、續書百有五十篇、續詩三百六十篇、元經五十篇、贊易七十篇，謂之王氏六經。司徒楊素，重其才行，勸之仕。通曰：「汾水之曲，有先人之敝廬足以庇風雨，薄田足以具饘粥，願明公正身以治天下，使時和年豐，通也受賜多矣，不願仕也。」或譖通於素曰：「彼實慢公，公何敬焉？」素以問通，通曰：「使公可慢，則僕得矣；不可慢，則僕失矣。得失在僕，公何與焉！」素待之如初。右武候大將軍賀若弼嘗示之射，〔三〕發無不中。通曰：「美哉，藝也。君子志道、據德、依仁，然後游於藝也。」弼不悦而去。通謂門人曰：「夫子矜而愎，難乎免於今之世矣。」納言蘇威好畜古器，通曰：「昔之好古者聚道，今之好古者聚物。」太學博士劉炫問易。通曰：「聖人之於易也，没身而已矣，況吾儕乎！」有仲長子光者，隱于河渚。嘗曰：「在險而運奇，不若宅平而無爲。」通以爲知言。曰：「名愈消，德愈長，身愈退，道愈進，若人知之矣。」通見劉孝標絶交論曰：「惜乎，舉任公而毁也，任公不可謂知人矣。」見辨命論曰：「人事廢矣。」弟子薛收，問：「恩不害義，儉不傷禮，何如？」通曰：「是漢文之所難也。廢肉刑害於義，省之可也；衣弋綈傷於禮，中焉可也。」王孝逸曰：「天下皆爭利而棄義，若之何？」通曰：「捨其所爭，取其所棄，不亦君子乎！」或問人善。通曰：「知其善則稱之，不善則對曰，未嘗與久也。」賈瓊問息謗。通曰：「無辨。」問止怨。曰：「不爭。」故其鄉人皆化之無爭者。賈瓊問羣居之道。通曰：「同不害正，異不傷物。古之有道者，內不失真，外不殊俗，故全也。」賈瓊請絶人事。通曰：「不可。」瓊曰：「然則奚若？」通曰：「莊以待之，信以應之，來者勿拒，去者勿追，汎如也，則可。」通謂姚義能交。或曰簡。通曰：「茲所以能也。」又曰廣。通曰：「廣而不濫，茲又所以爲能。」又謂薛收，「善接小人，遠而不疎，近而不狎，頹如也。」通嘗曰：「封禪非古也，其秦漢之侈心乎？」又曰：「美哉，周公之智深矣乎！寧家所以安天下，存我所以厚蒼生也。」又曰：「易樂者必多哀，輕施者必好奪。」又曰：「無赦之國，其刑必平；重斂之國，其財必貧。」又曰：「廉者常樂無求，貪者常憂不足也。」又曰：「我未見得誹而喜，聞譽而懼者。」又曰：「昏娶而論財，夷虜之道也。」又曰：「居近而識遠，處今而知古，其惟學乎？」又曰：「輕譽苟毀，好憎尚怒，小人哉。」又曰：「聞謗而怒者，讒之階也；見譽而喜者，佞之媒也。絶階去媒，讒佞遠矣。」通謂北山黃公善醫：先飲食起居，而後針藥。謂汾陰侯生善筮，「先人事而後爻象」。大業十年，尚書召通蜀郡司户；十一年，以著作郎國子博士徵，皆不至。十四年，病終於家。門人謚曰文中子。二子福郊、福時。二弟凝、績。評曰：此皆通之世家及中説云爾。玄謨仕宋至開府儀同三司。績及福時之子勔、勮、勃，皆以能文著於唐世，各有列傳。余竊謂先王之六經，不可勝學也，而又奚續焉？續之庸能出於其外乎？出則非經矣。苟無出而續之，則贅也，奚益哉？或曰「彼商、周以往，此漢、魏以還也」。曰：「漢、魏以還，遷、固之徒，記之詳矣。」奚待於續經，然後人知之，必也好大而欺愚乎！則彼不愚者，孰肯從之哉？今其六經皆亡而中説猶存，中説亦出於其家，雖云門人薛收、姚義所記，然予觀其書，竊疑唐室既興，凝與福時輩，依並時事，從而附益之也。何則，其所稱朋友門人，皆隋、唐之際將相名臣，如蘇威、楊素、賀若弼、李德林、李靖、竇威、房玄齡、杜如晦、王珪、魏徵、陳叔達、薛收之徒，考諸舊史，無一人語及通名者。隋史，唐初爲也，亦未嘗載其名於儒林隱逸之間，豈諸公皆忘師棄舊之人乎？何獨其家以爲名世之聖人，而外人皆莫之知也。福時又云：「凝爲監察御史，劾奏侯君集有反狀，太宗不信之，但黜爲姑蘇令。大夫杜淹，奏凝直言非辜，長孫無忌與君集善，由是與淹有隙，王氏兄弟皆抑不用，時陳叔達方撰隋史，畏無忌，不爲文中子立傳。」按叔達前宰相，與無忌位任相埒，何故畏之？至没其師之名，使無聞於世乎？且魏徵實總隋史，縱叔達曲避權威，徵肯聽之乎！此予所以疑也。又淹以貞觀二年卒，十四年君集平高昌還而下獄，由是怨望。十七年謀反，誅。此其前後參差不實之尤著者也。如通對李靖聖人之道曰：「無所由亦不至於彼，道之方也。必也無至乎！」又對魏徵以聖人有憂疑，退語董常，以聖人無憂疑。曰：「心迹之判久矣，皆流入於釋、老者也。夫聖人之道，始於正心修身齊家治國，至於安萬邦，和黎民，格天地，遂萬物，功施當時，法垂後世，安在其無所至乎？聖人所爲，皆發於至誠，而後功業被於四海，至誠，心也；功業，迹也；奚爲而判哉？」如通所言，是聖人作僞以欺天下也，其可哉？又曰：「佛，聖人也，西方之教也，中國則泥。」又曰：「詩、書盛而秦世滅，非仲尼之罪也。虚玄長而晉室亂，非老、莊之罪也。齋戒修而梁國亡，非釋迦之罪也。」苟爲聖人矣，則推而放諸南海而準，推而放諸北海而準，烏有可行於西方，不可行於中國哉？苟非聖人矣，則泥於中國，獨不泥於西方耶？秦焚詩、書，故滅；使詩、書之道盛於秦，安得滅乎？老、莊貴虚無而賊禮法，故王衍、阮籍之徒乘其風而鼓之，飾談論，恣情欲，以至九州覆没；釋迦稱前生之因果，棄今日之仁義，故梁武帝承其流而信之，嚴齋戒，弛政刑，至於百姓塗炭。發端倡導者，非二家之罪而誰哉？此皆議論不合於聖人者也。唐世文學之士，傳道其書者蓋寡，獨李翺以比太公家教，及司空圖、皮日休始重之。宋興，柳開、孫何振而張之，遂大行於世，至有真以爲聖人可繼孔子者。余讀其書，想其爲人，誠好學篤行之儒；惜也其自任太重，其子弟譽之太過，更使後之人莫之敢信也。余恐世人譏其僭而累其美，故采其行事於理可通而所言切於事情者，著於篇以補隋書之闕。

傳成，文正公問予大父康節何如？康節贊之曰：「小人無是，當世已棄。君子有非，萬世猶譏。録其所是，棄其所非，君子有歸；因其所非，棄其所是，君子幾希。惜哉仲淹，壽不永乎。非其廢是，瑕不掩瑜。雖未至聖，其聖人之徒歟！」文正自茲數言文中子，故又特書於通鑑語中。然文正疑所稱朋友門人皆隋、唐之際將相大臣，如蘇威、楊素、賀若弼、李德林、李靖、竇威、房玄齡、杜如晦、王珪、魏徵、陳叔達、薛收之徒，無一人語及通姓名者，又疑其子弟譽之太過，又疑唐世文學之士傳道其書者蓋寡，獨李翺以比太公家教，及司空圖、皮日休始重之。予得唐聞人劉禹錫言，在隋朝諸儒，惟王通能明王道，隱白牛谿，游其門者，皆天下儁傑。著書於家，既没，謚曰：文中子。則蘇威等實其朋友門人無疑，非子弟譽之太過無疑，不但司空圖、皮日休重其書亦無疑也。禹錫之言，豈文正偶不見耶？文正之傳，康節之贊，俱未行於世，予倣其出之。程伊川亦曰：「文中子格言，前無荀卿、揚雄也。」

予家舊藏司馬文正公隸書無爲贊，按公傳家集無之，曰：「爲黄、老者，以心如死灰，形如槁木，爲無爲。迂叟以爲不然，作無爲贊曰：『治心以正，保躬以静，進退有義，得失有命。守道在己，成功則天，爲者敗之，不如自然。』」

章子厚在丞相府，顧坐客曰：「延安帥章質夫，因板築發地，得大竹根，半已變石。西邊自昔無竹，亦一異也。」客皆無語，先人獨曰：「天地回南作北有幾矣，公以今日之延安，爲自天地以來西邊乎？」子厚太息曰：「先生觀物之學也。」蓋子厚蚤出康節門下云。

張籍祭退之詩云：〔三〕「魯論未訖注，手跡今微茫。」〔四〕是退之嘗有論語傳，未成也。今世所傳，如「宰予晝寢」，以「晝」作「畫」字；「子在齊聞韶，三月不知肉味」，以「三月」作「音」字；「浴乎沂」，以「浴」作「沿」字，至爲淺陋，程伊川皆取之，何耶？又「子畏於匡，顏淵後。曰：『吾以爾爲死矣。』曰：『子在，回何敢死？』」死字自有意義。伊川之門人改云，「子在，回何敢先？」學者類不服也。

呂汲公當遷祕書丞，乞用其官易母封邑，朝廷從之。中外以爲美事，獨劉敞中父曰：〔五〕「禮，父爲士，子爲大夫，葬以士，祭以大夫。蓋不敢以己貴而加諸親也。今君之舉孝矣，於禮若戾奈何？又法未當封，亦非所以尊之也。」公聞之嘆服，自以爲不及，終身重中父之學。

楚州徐積有孝行，東坡諸公特敬禮之。初，積學於胡瑗。瑗門人甚衆，一日獨召積，食於中堂，二女子侍立。積問瑗：「門人或問見侍女否，將何以對？」瑗曰：「莫安排。」積聞此一語，忽大省悟，其學頓進云。

子張疑高宗諒陰三年，子思不聽其子服出母，子游爲異父兄弟服大功，子夏謂服齊衰，孔子没門人疑其服。洙泗之上，親從孔子學禮者尚如此。故三年之喪，鄭云二十七月，王云二十五月。改葬之服，鄭云服緦三月，王云葬訖而除。繼母出嫁，鄭云皆服，王云從乎繼寄育乃爲之服。無服之殤，鄭云子生一月，哭之一日，王云以哭之日易服之月。諸儒之議，〔六〕紛辨不齊也。蓋摯虞之太息者，予表出之，以見末世多諱於喪禮，易失難明爲甚。

校勘記

〔一〕安康公　「康」，津逮本、錢本均作「唐」。

〔二〕右武候大將軍賀若弼　「右武候」，曹本作「左武侯」。按，隋書卷五二賀若弼傳謂「拜右領大將軍，尋轉右武候大將軍」。則作「右武候」爲是。

〔三〕張籍祭退之詩　津逮本、錢本均作「張發退之詩」。按，全唐詩卷三八三作「張籍祭退之」，則作「張籍祭退之詩」爲是。

〔四〕手跡今微茫　「跡」原作「足」。按，全唐詩卷三八三祭退之作「手跡今微茫」，今從改。

〔五〕劉敞中父　學津本作「劉敞原父」，曹本作「劉中原父」。按，劉敞字原父，宋史卷三一九有傳。

〔六〕諸儒之議　「儒」原作「議」，據津逮本、學津本改。

邵氏聞見後録卷第五

唐以前文字未刻印，多是寫本。齊衡陽王鈞手自細書五經，置巾箱中。巾箱五經自此始。後唐明宗長興三年，〔一〕宰相馮道、李愚，〔二〕請令判國子監田敏校正九經，刻板印賣。朝廷從之。雖極亂之世，而經籍之傳甚廣。予曾大父遺書，皆長興年刻本，委於兵火之餘，僅存儀禮一部。

世傳王氏元經、薛氏傳、關子明易、李衞公問對，〔三〕皆阮逸擬作。逸嘗以私藁視蘇明允也。晁以道云：「逸才辯莫敵，其擬元經等書，以欺一世之人不難也。」予謂逸後爲仇家告「立太山石，枯上林柳」之句，編竄抵死，豈亦有陰譴耶！

説文曰：「姓，人所生也。」古之神聖之人，其母感天而生，故從女。又古姓姚、嬀、姬、姜之屬，皆從女者，其義甚異，典籍難著云。

伊川之學以誠敬爲本。其傳「震驚百里，不喪匕鬯」曰：「動之大者，莫如雷，故以雷言之。『震驚百里』，其威遠也。人之致其誠敬，莫如祭祀。匕以載鼎實升於俎，鬯以灌地而降神，方其酌灌以求神，薦牲而祈饗，盡其誠敬之心，雖雷震之威，不能使之懼而失守也。故云『不喪匕鬯』。夫臨大震懼，能安而不自失者，惟誠敬而已。」說誠敬最善，予故表出之。

伊川說「納約自牖」曰：「約，所以進結其君之道也；自牖，因其明也；牖，所以通内外之象也。人臣以忠信善道結於君心，必自其所明處，乃能入也。人心有所蔽，有所通。所蔽者，闇處也；所通者，明處也。就其明處而告之則易也。自古能諫其君，未有不因其所明者也，張子房之於漢，是也。高祖以戚姬故，將易太子，是其所蔽也，羣臣争之者衆矣。嫡庶長幼之序，非不明也，如其蔽而不察何？四老人者，高祖素知其賢而重之，此其不蔽之明心，故因其所明而及其事，則悟之如反手。且四老人之力，孰與子房、周昌、叔孫通，然不從彼而從此者，就其蔽與就其明之異耳。」予不論於易之義當否，於理則善矣，故表出之。

古易：卦爻一，彖二，象三，文言四，繫辭五，說卦六，序卦七，雜卦八。其次第不相雜也。先儒謂費直專以彖、象、文言參解易爻，今入彖、象、文言於卦下者，自費氏始。孔穎達又謂王輔嗣之意，象本釋經，宜相附近，分爻之象辭，〔四〕各附當卦。

蓋古易已亂於費氏，又亂於王氏也。予家藏大父康節手寫百源易，實古易也。百源在蘇門山下，康節讀易之地，舊祕閣亦有本。

程伊川説：「黄裳元吉，婦居尊位，女媧氏、武氏是也。非常之變，不可言也。故有黄裳元吉之戒。如武氏之變，固也。女媧不見於書，果有鍊石補天之事，亦非變也。不言漢吕氏，獨非變耶！」蘇仲虎則曰：「伊川在元祐時以罪逐，故爲此説，以詆垂箔之政。」予不敢以爲然。

「彼黍離離，彼稷之苗。」王氏解：「視黍而謂之稷者，憂而昏也。」程氏解：「彼黍者，我后稷之苗也。」校先儒平易明白之説，固爲穿鑿云爾。

書伊訓曰：「成湯既没，太甲元年。」文義甚嚴，無簡册斷缺之迹。孟子獨曰：「成湯之下，外丙二年，仲壬四年，始爲太甲。」果然，則伊尹自湯以來輔相四代，何在湯在太甲，弛張如此；在外丙，在仲壬，絶不書一事也。考於曆，若湯之下，增此六年，至今之日，則羨而不合矣。司馬遷、皇甫謐、劉歆、班固，又因孟子而失也。獨孔安國守其家法不變。蓋詩、書之外，孔子不言者，予不敢知也。

東坡書上清宫碑云：「道家者流，本於黄帝、老子。其道以清浄無爲爲宗，以虚明應物爲用，以慈儉不争爲行，合於周易何思何慮、論語仁者静壽之説，如是而已。」謝顯道親見程伊川誦此數語，以爲古今論仁，最有妙理也。

予官中祕時，陳瑩中諸子出瑩中答楊中立辯伊川不論先天之學書，因以予舊見伊川從弟頴出伊川之書盈軸，必勉以熟讀王介甫易説云云跋下方。士爲伊川之學者曰：「吾師易學，何王氏足言？」譁然不服，欲我擊也。欲更與之辯，則舊謄頴所出伊川之書亡矣。近守眉山，有程生者出伊川貽其外大父金堂謝君書，在晚謫涪陵時，猶勉以學易當自王介甫也。録之將示前日以不信遇我者。「頤啓：前月末，吴齋郎送到書信，即遞中奉報，計半月方達。冬寒，遠想雅履安和，僑居旋爲客次，日以延望乃知止行甚悒也。來春江水穩善，候有所授，能一訪甚佳。只云忠、涪間看親人，必不疑也。頤偕小子甚安，來春本欲作春秋文字，以此無書，故未能，卻先了論、孟或禮記也。春秋大義數十，皎如日星，不容遺忘，只恐微細義例，老年精神，有所漏落，且請推官用意尋究。後日見助，如往年所説，許止蔡般書葬類是也。若欲治易，先尋繹令熟，只看王弼、胡先生、王介甫三家文字，令通貫，餘人易説無取，枉費功。年亦長矣，宜汲汲也，未相見間，千百愼愛。十一月初九日，頤啟知縣推官。」

春秋書魯文公毀泉臺。公羊曰：「譏之也。先君爲之，而已毀之，不如勿居也。」靖康初政，盡毀宣和中所作離宫别苑，宰相不學之舉，非上意也。

康節手寫易、書、詩、春秋，字端勁，無一誤失。曾孫之賢者，其謹藏之勿替。

范淳甫内翰邇英講禮，至「擬人必於其倫」，曰：「先儒謂擬君於君之倫，擬臣於臣之倫，特其位而已。如桀、紂，人君也，謂人爲桀、紂，必不肯受。孔、顔，匹夫也，謂人爲孔、顔，必不敢受。」東坡深嘆其得勸講之體。

程伊川易傳，得失未議，示不過辭也。故爲鄙近，然亦辭也。在康節時，於先天之易，非不問不語之也；後伊川之人數爲妄。予舊因陳瑩中報楊中立游定夫書，辨其略矣，并列之下方，以遺知言之君子。

陳瑩中答楊中立游定夫書：「康節云：『先天圖，心法也。』圖雖無文，吾終日言，未嘗離乎是。故其詩曰：『身在天地後，心在天地先。天地自我出，自餘惡足言。』又云：『數往者順，知來者逆。』此一節直解圖意，如逆知四時之比也。〔五〕然則先天之學，以心爲本，其在經世者，康節之餘事耳。世學求易於文字，至語皇極，則或以爲考數之書。康節詩云：『自從三度絶韋編，不讀書來十二年。俯仰之間無所愧，任人謗道是神仙。』同時者目其人爲神仙，後來者名其書爲考數，皆康節之所不憾也。乃其心，則務三聖而已矣。觀物云：『起震終艮一節，明文王之八卦也；天地定位一節，明伏羲之八卦也。』蓋先天之學，本乎伏羲而備於文王。故其詩曰：『天地定位，否泰反類。山澤通氣，咸損見義。雷風相薄，恆益起意。水火相射，既濟未濟。四象相交，成十六事。八卦相盪，爲六十四。』八卦者，易之小成也。六十四卦者，易之大成也。集伏羲、文王之事而成之者，非孔子而誰乎？康節嘗謂孟子未嘗及易一字，而易道存焉，但人見之者鮮。又曰，人能用易，是爲知易，若孟子可謂善用易者也。夫易『窮則變，變則通，通則久』，故聖人之用易，闔闢於未然，變其窮而通之也。若夫暑之窮也，變而爲寒，寒之窮也，變而爲暑，則是自變而自通者也。自變自通，復何賴於聖人乎？子雲贊易而非與易競，孟子用易而語不及焉，此所謂賢者識其大者，其去聖人之用也，不爲遠矣。然而，或非太玄爲覆瓿之書，或躋孟子於既聖之列，私論害公，意有所在，闔此於未然，豈乏人哉！奈何其無益也。觀物云：『防乎其防，邦家其長，子孫其昌，是以聖人重未然之防，是謂易之大綱。』而其誦孔子，所以盡三才之道者，則曰『行無轍迹，至妙至妙，在一動一静之間而已矣』。闡先聖之幽，微先天之顯，不在康節之書乎？雖在康節之書，而書亦不足以盡其奧也。故司馬文正與康節同時友善，而未嘗有一言及先天學，其著家範，本於家人一卦，而盡取王弼之説。〔六〕今之説易者，方且厭常出奇，離日用而鑿太空也。又或謂文正公疑先天之學，此豈足以語二公弛張之意乎？二公不可得而見矣。瓘徒見其書，而欲闚其心，然乎否耶？當先覺之任者，願賜一言，庶幾終可以無大過也。」

校勘記

〔一〕後唐明宗長興三年　「三年」原作「二年」，據葉本改。按，舊五代史卷四三明宗紀作「三年」，則作「三年」是。

〔二〕宰相馮道李愚　「李愚」原作「李惠」，曹本作「李思」。按，後唐明宗時爲相的是李愚。舊五代史卷六七有傳。舊五代史卷一二六馮道傳及卷四三引愛日齋叢鈔記述有關校正九經事，均爲「李愚」，當據改。

〔三〕李衞公問對　「問對」原作「對問」，據津逮本、學津本改。按，重刻武經七書作「李衞公問對三卷」。

〔四〕分爻之象辭 「象辭」，津逮本、錢本均作「象故」。

〔五〕如逆知四時之比也 「知」，津逮本、錢本均作「之」。「比」，津逮本、學津本、曹本皆作「化」。

〔六〕而盡取王弼之説 「盡取」，津逮本、錢本均作「進取」。

邵氏聞見後録卷第六

論先天八卦之位與繫辭不同。瓘竊謂康節先生所以辯伏羲、文王之易者，爲明此也。伏羲之易，乾南而坤北，自乾而左，自巽而右，兑在東，離爲陽。與起震終艮之序，則離上而坎下，震東而兑西，與先天之位，固不同矣。乾坤屯蒙之序與乾履大有大壯之序，亦不同也。乾坤屯蒙之序，孔子作序卦以教天下，其辭其義，可翫而習也。乾履大有大壯之序，文王不言其義，後之學者，何所據而習之？雖無可據之義，而悟之在心，心聲不足以發其奥，心畫不足以形其妙，墮於言語文字，而先天之易隱矣。索隱之士，豈乏人哉！背理而求數，文王憂之，固闔其門，而拒其出。孔子繼文王之志，微顯闡幽，一以仁義，默而成之不言，聖人之教如此，潔淨精微，可謂至矣。後之學者，猶有捨經取緯，違大理而黷正經者，京房之流是也。康節云：物理之學，不可强通。强通則失理而入於迷矣。皇極之書，不可以强通者也。失理之士，捨仁義而迷小道，背來物而役私情，如是而取皇極者，文正闔焉，非與康節異心也。蓋伏羲、文王之易，一而不一。文王，康節之學，同而不同，皇王之時異，闔闢之義殊，易之所以爲異者，未嘗二也。所謂伏羲之八卦，文王之八卦，未嘗異未嘗同也。曰一曰二，曰異曰同者，皆求易之情爾。瓘竊意其如此，而情之所是，亦未敢自以爲必然，更須面叩，乃可以決耳。蒙諭繫辭論釋諸爻，未有及象數者，豈得意忘象者，真孔子之學耶！此言盡易之要矣。至於日星氣候之説，未及深考。然以爻當朞，既出於繫辭，而曆象二語，又載於堯典。月令所紀，皆節候也，鳥火虚昴，〔二〕可辨分至，辰弗集房，則失日可知，春秋日食之數，後世曆象，十得七八，已號精密。是故離、坎之上下，乾、坤之南北，在六經者，恐皆可考，不獨易也。孔子曰：「寒往則暑來，暑往則寒來，寒暑相推而歲成焉。」一歲不能自成也，當有成歲之法，朞三百有六旬有六日，以閏月定四時者，成歲之法也。治曆明時，乃先王莫大之政，以嗣征考之，可以見矣。而王省惟歲，而成歲之法，付之有司，有司失職，必誅無赦，非如他罪之可宥也。夫何聖而不然哉？賴此以授民時也，敢不欽乎！然而聖人之文，經天緯地，經出於上，而緯在有司。上揆下守，民時所賴，皆不可以不欽也。稽覽配合之説一本於緯，曆法之所取，而有司之所當習也。康節云：「洛下閎但知曆法，唯揚子雲知曆法，又知曆理。易之在先天者，非曆理乎？」文正讀玄之説曰：「測之以鬼神之狀而不違，槩之以六經之書而不悖。藉使聖人復生，視玄必釋然而笑，以爲得己之心矣。乃知玄者所以贊易，非別爲書而與易競也。」又曰：「夫畋者，網而得之，與弋而得之，何以異哉？易網也，玄弋也。何害不既設網，而使弋者爲之助乎？」又曰：「孔子既没，知聖人之道者非揚子而誰？孟與荀殆不足擬，〔三〕況其餘乎？」瓘淺陋，初不知玄，嘗輕議其書而妄評其是非，自聞康節之言，始索子雲於曆理之内，及觀文正之論，然後知太玄不可不學，而冥冥然未有入路，尚苦其字之難識，況欲遽測其祕奥乎？文正自謂「求之積年，乃得觀之，讀之數十過，參以首尾，稍得闚其梗概。然後喟然置書，歎子雲爲真大儒矣！」凡文正之學，主之以誠，守之以謙，得十百而説一二，其於玄也，不覩不到，則其言不若是矣。瓘初不聞此，乃輕議子雲之書，而妄評其是非，心之愧恨，可勝言哉！棄舊誤於垂成，累初習於平地，庶幾推往而無戀，積新而可隆，尚賴先覺大君子，許其止而與之進也。

瓘所論康節之學，恐不然。康節詩云：「自從三度絶韋編，不讀書來十二年。俯仰之間無所愧，任人謗道是神僊。」神僊且不受也，以爲數學可乎？康節云：「先天之學，心法也。」然則其學在心，或於心外欲觀休咎，故以皇極爲考數之書耳。如聞康節未嘗以皇極語人，故其説不傳。自有伏犧八卦，可以闕玩，惠迪則吉，違之則咎，何必更求休咎于皇極之書也。故諫大夫陳公瑩中論康節先天之學，書爲楊中立、游定夫出也。大諫公與康節不相接，博之先君，因公之請，嘗盡以遺書之副歸焉。〔三〕於時國有巨盗據顯位，未發，公以言刺之，反得罪，其後人無敢繼者，盗之威自此盛，卒至於亂天下。世以公之明比漢何武、唐郭子儀、本朝吕獻可、蘇明允矣。或疑公前知如神，亦出於康節之書，則非也。公既廢，始爲康節之學，其英偉絶人之資，所見超詣，如此書也。中立、定夫同出伊川之門，於先達之序尚未詳，固不知其學也。明道、伊川視康節，賦詩曰：「先生相與宴西街，小子親攜几杖來。」其恭如此。張横渠於伊川，諸父比也。横渠見康節，尚拜牀下。博猶記王母夫人語及伊川，必曰程二秀才云云。蓋當康節隱居謝聘日，伊川年尚少，未爲世所知也。博蚤見伊川，又與伊川族弟頴善。頴知好大學，伊川於其眷中獨與之言易，嘗從頴得書疏一通，伊川迹也。曰：「爲易學者，但取王輔嗣、胡先生、王荆公之説讀之，無餘事矣。」今伊川易傳行於世，大旨可見，爲其學者，遽以大諫公所謂伏羲八卦語之，則駭矣。康節平居尚不以語人，博其敢謂伊川有所不知也。近時妄人，出雜書數十百條，託爲伊川之説，意欲前無古人，足以重吾之師矣。如司馬文正、張横渠皆斥以爲未至，但以康節爲數學，亦安知所謂數者，非伊川之雅言也。豈中立、定夫亦惑於此歟，大諫公反復論之深矣。先君之戒，則曰張巡許遠，同爲忠義，兩家子弟，材智汙下，不能明二父之志，更相毁於後世，故并爲退之所貶，凡託伊川之説，以議吾家學者，若子孫可勿辨。博爲史官，大諫公中子正，同爲尚書郎，尚以家世之故，遇博厚。爲博道公平生之言爲詳，又出此書，俾論著其下，博不肖，不知大父之學，若其淵源不可誣者，亦嘗有聞矣。然博之言有不敢盡者，尚遵先君遺訓云。

先友周全伯喪嫡母，次所生母死，疑其爲服爲位。全伯，程伊川子壻，伊川尚不能決，先人問之司馬文正公。曰：「某承問：有人居嫡母之喪，而所生母卒，疑其所以爲服及位之禮。按雜記云：『有三年之練冠，則以大功之麻易之。』又云『有父之喪，如未没喪而母死，其除父之喪也，服其除服，卒事及喪服。雖諸父昆弟之喪，如當父母之喪，其除諸父昆弟之喪也，皆服其除喪之服，卒事反喪服』。是先有喪而重有喪者，皆當别爲服也。又曾子問曰：『並有喪，如之何？何先何後？』孔子曰：『其葬也，先輕而後重；其奠及虞，先重而後輕。』此謂遭喪同月者也。今之律令，嫡繼慈養與母同例，皆應服齊衰三年。子之於母，嫡庶雖殊，情無厚薄，固當同服。而喪服小記云：『妾祔于妾祖姑。』蓋妾與女君尊卑殊絶，設位于他所可也。禮者大事，先賢不敢輕議，況如某者，詎敢輒以許人，姑據所聞以報，尚裁爲幸。」予謂文正公之於禮，可以爲後世法矣。故表出之。

近年洛陽張氏發地得石十數，漢蔡伯喈隸尚書、禮記、論語，各已壞缺。論語多可辨，每語必他出，至十數語，則曰凡章若干。如「朝聞道，夕死可也」。如「鳳兮鳳兮！何而德之衰？」如「執車者爲誰子？子路曰：爲孔丘。曰：是魯孔丘與？曰：是。是知津矣」。如「置其杖而耘」等語。校今世本爲異。尚書「肆高宗饗國百年」，今世本「肆高宗享國五十有九年」，爲異甚。初，熹平四年，伯喈以經讀遭穿鑿謬妄，同馬日磾等以前聞考正，自書於石，立洛陽太學門下，摹寫者日千車乘，填塞廣陌。至隋開皇六年，遷其石于長安，文字刓泐不可知，詔問劉焯、劉炫，能盡屈羣起之説，焯因罹飛章之毁。予謂孔子自衞反魯，一定詩書之册，至漢熹平，六百年有奇，已多謬失。自熹平至隋開皇，又四百年有奇，自開皇至今代，又五百年有奇，其謬失可勝計也耶！伯喈、焯、炫，〔四〕皆極一時通儒之稱。伯喈曰然，焯、炫又曰然，可信也。按隋史既遷其石於長安，今尚有出於洛陽者，何哉？

校勘記

〔一〕鳥火虚昴　「虚」，曹本作「星」，津逮本作「靈」。
〔二〕孟與荀殆不足擬　津逮本作「與孟荀殆不足以擬」。
〔三〕嘗盡以遺書之副歸焉　「盡」，津逮本、學津本均作「進」。
〔四〕伯喈焯炫　此四字，津逮本無。

邵氏聞見後録卷第七

唐高祖之起晉陽也，皆秦王世民之謀。高祖謂世民曰：「若事成，天下皆汝所致，當以汝爲太子。」將佐亦以爲請。世民屢辭。太子建成喜酒色遊畋，齊王元吉多過失，世民功名日盛。建成内不自安，乃與元吉共傾世民，各引樹黨友。高祖晚多内寵，小王且二十人，其母競交結諸長子以自固。建成、元吉曲意事諸妃嬪，諂諛賂遺，無所不至，以求媚於高祖。或云烝於張婕妤、尹德妃。世民獨不然。故妃嬪等爭譽建成、元吉，而短世民。世民平洛陽，妃嬪等私求寶貨，并爲親屬求官。世民曰：「寶貨皆已籍奏，官當授賢才有功者。」不許。淮安王神通有功，世民給田數十頃。張婕妤之父因婕妤欲奪之，神通執秦王之令，不可。俱以爲怨。尹德妃父阿鼠強横，毆秦王府屬杜如晦，折一指，曰：「汝何人！過我門不下。」德妃反奏家爲秦王左右陵暴。高祖積怒，數責世民。世民深自辨，終不信。又世民每侍宴宫中，對諸妃嬪思太穆皇后早世，不得見上有天下，或歔欷流涕。高祖顧之不樂，諸妃嬪因密共譖世民曰：「海内幸無事，陛下春秋高，唯宜相娛樂，秦王獨泣涕，正是憎疾妾等。陛下萬歲後，妾等母子決不爲秦王所容。」因相與泣。且曰：「皇太子仁孝，陛下以妾母子屬之，必能保全。」高祖爲之愴然。由是待世民浸疏，而建成、元吉日親矣。元吉勸建成除世民，曰：「當爲兄手刃之。」〔二〕世民從高祖幸元吉第，元吉伏護軍宇文寶於寢内，欲刺世民不果。高祖幸仁智宫，建成居守，世民、元吉從，建成令元吉就圖世民，〔三〕曰：「安危之計，決在今歲。」建成又使郎將尒朱煥、校尉橋公山以甲遺慶州都督楊文幹，使之舉兵，欲表裏相應。尒朱煥、橋公山告其事，文幹遂反。高祖怒甚，囚建成於幕下，飼以麥飯。高祖謂世民曰：「楊文幹反，事連建成，恐應之者衆，汝應自行，還，立汝爲太子。吾不能効隋文帝自誅其子，當封建成爲蜀王。蜀兵脆弱，他日不能事汝，取之易耳。」元吉與妃嬪更迭爲建成請，封德彝亦爲之營解，高祖意遂變，唯責以兄弟不睦，歸罪太子中允王珪、右衛率韋挺、天策兵曹參軍杜淹，並流於巂州。高祖校獵城南，命建成、世民、元吉馳射角勝。建成有胡馬，肥壯而喜蹶，以授世民曰：「此馬甚駿，能超數丈澗，弟善騎，試乘之。」世民乘以逐鹿，馬蹶，世民躍立於數步之外，馬起復乘之，如是者三。顧宇文士及曰：「彼欲以此見殺，死生豈不有命？」建成聞之，反令妃嬪譖於高祖曰：「秦王自言：我有天命，方爲天下主，豈有浪死！」高祖大怒，先召建成、元吉，後召世民入，責之曰：「天子自有天命，非智力可求。汝求之一何速邪？」世民免冠頓首，請下法司按驗。高祖怒不解，會有司奏突厥入寇。高祖乃改容勞勉世民，命之冠帶，與謀突厥。高祖每有寇盜，輒命世民討之。事平之後，猜嫌益甚。建成夜召世民飲酒，因酖之。世民暴心痛，吐血數升。淮南安王神通扶之還西宮。高祖問世民疾，敕秦王素不能飲，自今無得復夜飲。因謂世民曰：「首建大謀，削平海内，皆汝之功。吾欲立汝爲嗣，汝固辭。且建成年長，爲嗣日久，吾不忍奪也。觀汝兄弟，似不相容，同處京邑，必有紛競。當遣汝建行臺，居洛陽，自陝以東，皆主之。仍命汝建天子旌旗，如漢梁孝王故事。」世民涕泣辭。建成、元吉相與謀：秦王若至洛陽，有土地甲兵，不可復制；不如留之長安，則一匹夫，取之易耳。乃密令數人上封事，言秦王左右聞往洛陽，無不喜躍，觀其志趣，恐不復來。又近幸之臣，各以利害説高祖，事復中止。建成、元吉與後宫日夜譖世民，高祖信之，將加罪。陳叔達力諫乃止。元吉請殺世民，高祖曰：「彼有定天下之功，罪狀未著，何以爲辭？」秦府幕屬皆憂懼，不知所出。房玄齡謂長孫無忌曰：「今嫌隙已成，一旦禍機竊發，豈惟府朝塗地，實社稷之憂也。莫若勸王行周公之事，以安家國。存亡之機，間不容髮，正在今日。」無忌曰：「吾懷此已久，未敢言。今當白之。」乃入言於世民。世民召玄齡謀之，玄齡曰：「大王功在天下，當承大業，今日憂危，乃天贊之也，其勿疑。」又與府屬杜如晦共勸世民誅建成、元吉。元吉以秦府多驍將，乃譖尉遲敬德，下詔獄。世民爲之分辨，僅免。又譖程知節，出爲康州刺史。知節謂世民曰：「大王股肱羽翼盡矣，身何能久！」建成謂元吉曰：「秦府智略之士可懼者，獨房玄齡、杜如晦耳。」皆譖逐之。會元吉當北伐，請尉遲敬德、程知節、段志玄、秦叔寶等偕行，又簡閱秦王帳下精鋭之士。王晊密告世民曰：「建成語元吉，吾與秦王餞汝於昆明池，使壯士拉殺秦王於幕下，〔三〕以暴卒聞。敬德等汝悉坑之。」世民以晊言告長孫無忌等，無忌等勸世民先事圖之。世民歎曰：「骨肉相殘，古今大惡。吾誠知禍在朝夕，欲俟其發，然後以義討之，不亦可乎。」敬德曰：「人情誰不愛死，今衆人以死奉王，乃天授也。禍機垂發，而王猶晏然不以爲憂，王縱自輕，如社稷宗廟何？王如不用敬德言，敬德將竄身草澤，不能留王左右，交手受戮也。」無忌曰：「不從敬德之言，事今敗矣。敬德必不爲王有，無忌亦當相隨而去。」世民曰：「吾言亦未可全棄，公更圖之。」府僚又曰：「元吉凶戾，終不肯事建成。聞薛實言：『元吉之名合成唐字。當主唐祀。』元吉喜曰：『但除秦王，取東宫如反掌耳。』彼與建成謀未成，已有取建成之心。亂心無厭，何所不爲！若使二人得志，恐天下非復唐有，奈何徇匹夫之節，忘社稷之計乎？」會太白經天，傅奕密奏：「太白見秦分，秦王當有天下。」高祖以其狀授世民。世民乃密奏「建成、元吉淫亂後宫」，且曰：〔四〕「臣於兄弟無絲毫之負，今欲殺臣，似爲世充、建德報讎。臣今枉死，永違君親。魂歸地下，實恥見諸賊。」高祖省之，愕然，報曰：「明當鞫問，汝宜早參。」明日，世民遂誅建成、元吉云。予嘗論史官贊唐太宗曰：「比迹湯、武則有焉，於成、康若過之。」何庶幾云：「孫諫議甫則直以爲聖，蘇東坡則以從諫近於聖也。」如建成之庸愎，元吉之凶戾，得以害太宗，則唐之宗社，可立以亡。孰能保隋之遺民，於塗炭鋒鏑之餘，傳三百年之遠乎！故劉昫、歐陽文忠之史，於誅建成、元吉不議也。昫又曰：「當高祖任讒之年，建成忌功之日，苟除畏偪，孰顧分崩，變故之興，間不容髮，方懼毁巢之禍，寧虞尺布之謡。」蓋一代之公言也。獨范内相純夫作唐鑑，以太宗誅建成、元吉，比周公誅管、蔡不同。曰：「管、蔡流言於國，將危周公，以間王室，得罪於天下，故誅之。非周公誅之，天下之所當誅也。

周公豈得而私之哉！」予以爲不然。周公繫周之存亡，曷若太宗之繫唐之存亡哉？管、蔡一流言以危周公，周公得而誅之。建成、元吉已酖太宗，僅不死，〔五〕尚衷甲伏兵，懔懔日夜欲發，不比管、蔡之危周公也，太宗獨不得而誅之乎！管蔡之危周公，則得罪於天下，建成、元吉之害太宗，獨不得罪於天下乎！隋餘之人，恃太宗以爲命者，宜甚於周之人恃周公也。以周公之靈，固非管、蔡可危，不幸不免，爲周之輔弼者，〔六〕召公而下尚有人，王室何卹於間也？如建成、元吉得害太宗，唐隨以亡矣，不止於間王室也，太宗豈得而私之哉？純夫又曰：「立子以長不以功。建成雖無功，太子也。太宗雖有功，藩王也。」予亦以爲不然。古公捨長泰伯，立季歷爲太子；文王捨長伯邑考，立武王爲太子。非邪？若以賢也，太宗亦賢矣，〔七〕如太宗大功大德，格于天地，不俟古公、文王之明智，雖甚愚至下之人，亦知其當有天下。高祖惑於内不察也，老革荒悖，〔八〕可勝言哉！予故具列建成、元吉之謀害太宗之事，以見太宗之計出于亡聊，實與天下誅之，比周公誅管、蔡之義，甚直不愧也，以反純夫之説，以遺知言之君子。

漢高祖方擁戚姬，周昌嘗燕入奏事，是周昌得見戚姬也。又漢高祖欲廢太子，周昌廷争，吕后側耳東廂聽，見周昌跪謝云云，是吕后得見周昌也。又文帝至霸陵，使慎夫人鼓瑟，上自倚瑟而歌，顧謂羣臣，皆得見慎夫人。又帝幸上林，皇后、慎夫人從。袁盎引卻慎夫人坐，慎夫人怒，不肯坐。上亦怒，起。盎因前説云云，是袁盎亦得見皇后、慎夫人也。漢宮禁之法，不嚴如此。

司馬遷敍三千年事，五十萬言；班固敍二百年事，八十萬言。晉張輔用此論優劣云爾。

蔡邕以「致遠恐泥」爲孔子之言。李固以「其進鋭者其退速」爲老子之言。杜甫以東方朔割肉爲社日，以褒、妲爲夏、商，皆引援之誤。

前漢敍傳：「外博四荒。」按書「外薄四海」，「博」字爲誤。魏高堂隆傳：「是用大簡。」按詩「是用大諫」，「簡」字爲誤。後漢書方術傳「懷協道藝」，當作「挾」字。胡廣傳「議者剥異」，當作「駮」字。朱浮傳「保宥生人」，當作「祐」字。「王允乳藥求死」，[九]當作「茹」字。史官失於是正，類此者不一。

漢高祖父太上皇，前史不載名。後史章帝紀「祠太上皇於萬年」，注「名煓，原注：它官反一名執嘉」。高后紀載：高祖母曰昭靈后。

戾太子，非美謚也。宣帝以加其祖。予謂太子之死可哀也，與幽、厲之惡不同，與孟子所謂「雖孝子慈孫不能改」者，亦不同也。

昔人賤庶生子。孫堅五子，吳史載其四。仁，庶生也，不録。故陳武贊曰：「子表將家支庶，而與冑子比翼齊衡，拔萃出類，不亦美乎！」然田嬰有子四十人，而賤妾之子文最賢，故以爲太子，孟嘗君也。

賈誼疏云：「生爲明帝，没爲明神，使顧成之廟稱爲太宗。」又云：「萬年之後，傳之老母弱子，將使不寧。」是時文帝尚無恙，非不忌也，更爲之前席。如武帝以道惡，曰：「以我不行此道邪！」以馬瘦，曰：「以我不乘此馬邪！」皆殺主者，其有間矣。今章奏不當名。〔一〇〕趙廣漢，按國史會要，本朝廣漢之後也。

校勘記

〔一〕當爲兄手刃之　津逮本、錢本均作「俟入朝因而刃之」。

〔二〕建成令元吉就圖世民　「圖」，津逮本、錢本均作「刺」。

〔三〕使壯士拉殺秦王於幕下　「拉」，津逮本、錢本均作「刺」。按，史記卷三二齊太公世家云「使力士彭生抱上魯君車，因拉殺魯桓公」。似作「拉」是。

〔四〕且曰　津逮本、學津本無「且」字。

〔五〕僅不死　津逮本、學津本無「僅」字。

〔六〕輔弼　津逮本、學津本、錢本均作「輔佐」，曹本作「輔拂」。作「輔弼」義長。

〔七〕太宗亦賢矣　津逮本、學津本、錢本均作「大賢亦莫」。

〔八〕老革荒悖　「革」，津逮本、學津本作「耄」。按，三國志卷四〇彭羕傳謂「老革荒悖」，作「革」義長。

〔九〕王允乳藥求死　「乳」，津逮本作「孚」。按，後漢書卷六六王允傳作「豈有乳藥求死乎」，則作「乳」爲是。

〔一〇〕今章奏不當名　説部本引何校云：「『今章奏』當提行，疑上有脱文。」

邵氏聞見後録卷第八

憲宗元和十四年，自鳳翔法門寺迎佛骨入禁中，韓愈以諫逐。十五年，有陳弘志之禍。懿宗咸通十四年，又迎其骨入禁中，諫者以憲宗爲戒。懿宗曰：「朕生得見之，死亦無恨。」不數月，崩。送佛骨還法門寺。愈之諫云「奉佛以來，享年不永」者，其知言哉。

後漢胡廣卒，故吏自公卿、大夫、博士、議郎，衣縗絰者數百人。董翊舉孝廉爲須昌令，聞舉將死，棄官去。唐杜審言受崔融之知，融死爲服緦麻。裴佶與鄭餘慶友善，佶死，餘慶爲行服。此禮久廢。近時張樂全薨，東坡用唐人服座主喪，緦麻三月。東坡薨，張文潛坐舉哀行服得罪。

新唐史：「韓退之，鄧州南陽人。」史記：「白起攻南陽。」徐廣註云：「此南陽，河内脩武也。」則退之脩武人也。以爲鄧州，誤矣。

西漢于定國傳：「東海有孝婦，養姑甚謹。夫死無子，不肯更嫁。姑不欲累其婦，自經死。姑女誣婦殺之，官乃曲成其獄。于公争之，〔一〕太守不聽，乃抱其具獄，哭於府上，辭病去。太守竟殺孝婦，郡中枯旱三年。後太守至，而于公白之，乃殺牛祭孝婦，大雨歲熟。」東漢孟嘗：「上虞有寡婦，養姑甚謹，姑以老壽終，而夫女弟誣婦鴆之，官竟其罪。嘗言其枉，太守不聽，哀泣門外，因謝病去。太守殺寡婦，郡中連旱二年。〔二〕後太守至，嘗具陳其寃，乃刑訟女而祭婦冢，天雨，穀稼遂登。」二事甚相類，范曄後出，無一言，何也？

唐代宗既誅元載，欲盡誅其黨韓會等。吴湊苦諫，〔三〕止降遠州。會，退之兄也。退之謂兄罹讒口，承命南遷。按會所坐非罹讒者。柳子厚亦云：「韓會善清言，名最高，以故多得謗。」豈士能清高反污於元載乎？近時王銍作會補傳，亦不出黨元載事，皆非實録。

班固奴嘗醉罵洛陽令种競。至竇憲敗，競收憲賓客，固在其數，死獄中。固著漢書未就，詔固女弟曹世叔妻昭續成之。是謂曹大家。華嶠論固曰：「固排節義，否正直，不以殺身成仁爲美者。」予謂嶠爲知言。則固附竇憲以死，不足悲也。班固作漢史，失於畏司馬遷，自武帝而上，於遷之詞，不敢輒易。如項羽傳，但移高祖事於本紀中耳。

他傳皆然。史遷書某人有曰〔四〕「其子某，今爲大官」。距固之世已二百年。固書其人，亦皆曰「其子某，今爲大官」。失於畏遷也。遷作歷代史人物表、食貨等志，當著歷代之人。固作漢史表志，亦著歷代之人，失於畏遷也。固知畏遷，按其書，〔五〕自武帝而下，至平帝，續成之可也。於其詞重出不可也。孔子作經，使後世讀易者，如無春秋；讀書者，如無詩。其法固不知也。獨韓退之作王仲舒碑，又作誌；蘇子瞻作司馬君實行狀，又作碑。其事同，其詞各異，庶幾知之矣。

前蜀劉禪以魏景元五年三月降，明年十二月，魏亡。後蜀王衍以唐同光三年十一月降，明年三月被誅。四月，莊宗死郭從謙之變。二主失於遽降，殆相類。然衍不足道，禪若稍收用其先人舊臣遺策，中原方易代，必未能闚蜀。蓋譙周之罪，上通於天矣。

路巖貶新州，死於楊收死之榻，見通鑑。劉摯貶新州，死于蔡確死之室，見王鞏雜記。二事甚類，可駭也。

蜀郡男子路建等，輟訟慙怍而退，以應文王卻虞、芮之訟，以媚王莽。蜀之爲佞，又有甚於劇秦美新者。王莽令中國不得有二名，〔六〕又遣使諷單于爲一名，東漢士大夫以操節相高，遇莽之事必唾也。乃終其世，謹一名之律，何也？

魏安釐王問天下之高士於孔子六世孫子順。子順曰：「世無其人也。抑可以爲次，其魯仲連乎？」王曰：「魯仲連強作之者，非體自然也。」子順曰：「人皆作之，作之不止，乃成君子。作之不變，習與體成，體成則自然也。」如子順之論，乃孟軻氏「堯、舜性之，湯、武身之，五霸假之，久假而不歸，安知其非有」之論也。善乎涑水先生曰：「假者，文具而實不從之謂也。文具而實不從，其國家且不可保，況能霸乎？」東坡先生曰：「假之與性，其本亦異矣。豈論歸與不歸哉！雖久假而不歸，猶非其有也。」予每誦「強作之者，非體自然」二語，三太息也。

曹參召去，屬其後相曰：「以齊獄市爲寄，慎勿擾也。」第五倫領長安市，公平廉介，無有姦枉。程伊川曰：「今人治獄不治市。故予爲吏，於二政不敢不勉。」

初，回紇風俗朴厚，君臣之等不甚異，故衆志專一，勁健無敵。自有功於唐，唐賜遺豐腆。登里可汗始自尊大，築宮室以居，婦人有粉黛文繡之飾，中國爲之虚耗，而虜俗亦壞。如耶律德光踐汙中土而有之，且死，其母猶不哭，撫其尸曰：「待我國中人畜如故，然後葬汝。」蓋謂之華夷者，天也，有或反此，非其福也。

李紳族子虞，盡以紳密論李逢吉之疏告逢吉，故紳爲逢吉所陷。吕晦叔族子嘉問，先以晦叔欲論王介甫之疏告介甫，故晦叔爲介甫所逐。益知不肖子，代不乏人也。

陳叔寶不道，楊廣親擒之。叔寶死，謚煬。後楊廣不道尤惡，死亦謚煬云。

唐故事：天下有寃者，許哭於太宗昭陵下。

漢高祖入關，與民約法三章，盡除秦苛令。唐高祖入長安，與民約法十二條，盡除隋暴禁。

太史公曰：「子貢在七十子之徒最饒，使孔子之名布揚於天下者，子貢後先之也。」予謂非是。太史公既被刑，報益州刺史任安書「家貧，財賂不足以自贖」，豈於子貢之饒有感焉？如孔子之聖，何資於饒乎？

秦孝文王葬壽陵，夏太后子莊襄王葬芷陽，〔七〕故夏太后獨别葬杜東。曰：「東望吾子，西望吾夫，後百年，旁當有萬家室。」漢韓信家貧，母死無以葬，乃行營高燥地，令旁可置萬家者。顔師古註：「言其有大志也。」初不知信實本夏太后語耳。予謂有地學者云：「至一之地坦然平。」蓋其法古矣。

王濬伐吴，在益州作大艦，長百二十步，受二千人。以木爲城，起樓櫓，開四門，其背可以馳馬往來。〔八〕木柹蔽江而下，吴建平太守吾彦，〔九〕取流柹以白吴主云云。予謂古八尺爲步，二百二十步爲九十六丈。江山無今昔之異，今蜀江曲折，山峽不一，雖盛夏水暴至，亦豈能回泊九十六丈之船？及冬江淺，勢若可涉，尋常之船，一經灘磧，尚累日不能進。而王濬以咸寧五年十一月，自益州浮江而下，決不可信。又，建平今曰夔州，距益州道里尚數千，木柹蔽江，近不爲蜀人取之，乃遠爲吴人得之乎？特史臣夸辭云爾。如血流漂杵之事，孟子固不信也。

蕭道成既誅蒼梧王，王敬則手取白紗帽加道成首，令即位。沈攸之召諸軍主曰：「我被太后令建義下都，大事若克，白紗帽共着耳。」蓋晉宋齊梁以來，惟人君得着白紗帽。家有范瓊畫梁武帝本，亦着白紗帽也。

梁武帝以熒惑入南斗，跣而下殿，以禳「熒惑入南斗，天子下殿走」之讖。及聞魏主西奔，慙曰：「虜亦應天象邪？」當其時，虜盡擅中原之土，安得不應天象也。

突厥本西方賤種，姓阿史那氏，居金山之陽，爲柔然鐵工，至其酋長土門，始強大。頗侵魏西邊，魏丞相泰始遣酒泉胡安諾槃陀使其國，國人喜曰：「大國使至，吾國興矣。」其後憑陵中國，唐高祖至以臣事之，卒爲太宗所滅。予謂天初無夷夏之辨，其爲盛衰陰陽治亂之數，驗於今昔，無不然者。

羊祜從甥王衍從祜論事，辭甚辯。祜不答，衍怒拂衣去。祜顧他客曰：「王夷甫以盛名居大官，然傷風敗俗者，〔一〇〕此人也。」又步闡之役，祜欲以軍法斬王戎，故戎、衍於祜，以積怨毀之。時人謂之語曰：「二王當國，羊公無德。」後衍尚虚誕，鄙薄名教，識者以爲憂。戎獨深然之，以致夷狄斲喪中原之禍。衍身自不免。羊公之知人於王衍，則吕獻可之於王荆公似之；於王戎，則張九齡之於安禄山似之。嗚呼，賢哉！

北齊劉炫，字光伯。時求遺書，乃僞造書百餘卷，題爲連山易、魯史記等，録上送官，取賞而去。後有訟之者，原赦降死一等。今有連山易，意義淺甚，豈炫之僞書乎？

齊著作郎祖珽，有文學，多技藝，而疎率無行。嘗因宴失金叵羅，於珽髻上得之。近世以洗爲叵羅，若果爲洗，其可置之髻上？未識叵羅果何物也。

漢韓信擒李左車，問以下齊之策。周宇文邕破晉陽，擒高延宗，問以取鄴之策。皆辭而後對，悉如其言。二事甚類，豈兵法當爾耶！

唐鄭元璹使突厥，説頡利曰：「唐與突厥，風俗不同，突厥雖得唐地，不能居也。今虜掠所得，皆入國人，於可汗何有？不如旋師，復修和親，可無跋涉之勞，坐受金幣，又皆入可汗府庫。孰與棄兄弟積年之歡，而結子孫無窮之怨乎？」頡利説，引精騎數十萬還。元璹自義寧以來，五使突厥，幾死者數矣。本朝慶曆二年，北虜以重兵壓境，欲得關南十縣，其勢不測。富韓公報使，謂虜主曰：「北朝與中國通好，則人主專其利，而臣下無所獲。若用兵，則利歸臣下，而人主任其禍，故北朝諸臣，爭勸用兵者，此皆其身謀，非國計也。」虜主驚曰：「何謂也？」公曰：「晉高祖欺天叛君，而求助於北，末帝昏亂，神人棄之。是時中國狹小，上下離叛，故契丹全師獨克。雖虜獲金幣，充牣諸臣之家，而壯士健馬，物故太半。此誰任其禍者？今中國提封萬里，所在精兵以百萬計，法令修明，上下一心，北朝欲用兵，能保其必勝乎？」曰：「不能。」公曰：「勝負未可知，使其勝，所亡士馬，羣臣當之歟，抑人主當之歟？若通好不絶，歲幣盡歸人主，臣下所得，止奉使者，歲一二人耳，羣臣何利焉？」虜主大悟，首肯者久之。是亦鄭元璹之議也。如富公則終身不自以爲功，或面贊使虜之事，公必變色退避不樂。東坡書顯忠尚德之碑，首著公使虜事，今天下誦之，然非公之意也。

太史令傅奕上疏請除佛法云：「不忠不孝，削髮而揖君親。遊手遊食，易服以逃租賦。僞啟三塗，謬張六道，恐喝愚民，詐欺庸品。」又云：「生死壽夭，由於自然，刑德威福，關之人主。貧富貴賤，功業所招。而愚僧皆矯云由佛。」又云「降自羲、農，至於有漢，皆無佛法，君明臣忠，祚長年永。〔二〕漢明帝始立胡神，洎於苻、石，羌胡亂華，主庸臣佞，祚短政虐」云云。韓退之論佛骨奏：「伏羲至周文、武時皆未有佛，而年多至百歲，有過之者。自佛法入中國，帝王事之，壽不能長，梁武事之最謹，而國大亂。」憲宗得奏大怒，將加極法，曰：「愈言我奉佛太過，猶可容。至言東漢奉佛之後，帝王咸致夭促，何其乖剌也。」予謂愈之言，蓋廣傅奕之言也，故表出之。

校勘記

〔一〕于公争之　「于公」，津逮本、學津本、曹本均作「定國」，下文同。

〔二〕郡中連旱三年　原無「中」字，據學津本補。按，後漢書卷七六孟嘗傳作「郡中」。

〔三〕吴湊苦諫　「吴湊」，津逮本作「具奏」。按，新唐書卷一五九吴湊傳謂韓會等皆當坐，湊建言。舊唐書卷一八三吴湊傳作「諫救百端」。作「吴湊」是。

〔四〕史遷　津逮本、學津本、曹本皆作「應遷」。

〔五〕按其書　「其書」，津逮本、學津本均作「漢書」。

〔六〕王莽令中國不得有二名　從「王莽令中國」以下，津逮本、曹本另爲一條。

〔七〕芷陽　「芷」，曹本作「正」。按，史記卷五秦本紀謂莊襄王名子楚，葬陽陵。似作「陽陵」是。

〔八〕其背可以馳馬往來　「其背」，學津本、曹本作「其中」。按，晉書卷四二王濬傳作「其上」。

〔九〕吴建平太守吾彦　「吾彦」，津逮本、學津本、曹本皆作「彦」，無「吾」字。按，晉書卷四二王濬傳作「吾彦」，則作「吾彦」是。

〔一〇〕傷風敗俗　原作「傷敗風俗」，據津逮本、學津本改。

〔一一〕祚長年永　「永」原作「久」，據津逮本、學津本改。

邵氏聞見後録卷第九

唐高宗曰：「隋煬帝拒諫而亡，朕常以爲戒，虚心求諫。而無諫者，何也？」李勣曰：「陛下所爲盡善，羣臣無得而諫。」予謂高宗立太宗才人武氏爲后，決於李勣「陛下家事勿問外人」一言。又謂高宗「盡善無可諫」。太宗以勣遺高宗，失於知人矣。

突厥默啜，自則天世爲中國患。朝廷旰食，傾天下之力不能克。郝靈筌得其首，自謂不世之功。時宋璟爲相，以天子好武功，恐好事者競生心徼倖，痛抑其賞。逾年，始授郎將。靈筌慟哭而死。初，熙寧、元豐間，西羌大首領鬼章青宜結爲邊患，數覆官軍。神宗懸旌節爲賞，捕之不能得。至元祐年，將种誼生致之，吕汲公在相位，誼但轉一官，爲西上閤門使而已，亦宋璟之意也。

李勣、許敬宗於高宗立武后，李林甫於玄宗廢太子，皆以「陛下家事何必問外人」一言而定。嗚呼，姦人之言，自世主之好以入，故必同。

高祖益蕭何二千户，以嘗繇咸陽時，送我獨贏錢二。光武賜馮異以珍寶衣服錢帛，用報倉卒蕪蔞亭豆粥、滹沱河麥飯。二帝於二臣，〔一〕可以謂之故人矣。

高祖令項籍舊臣皆名「籍」，獨鄭君者不奉詔，盡拜名「籍」者爲大夫，而逐鄭君。劉裕密書招司馬休之府録事韓延之，不屈，以裕父名翹字顯宗，乃更字「顯宗」，名子曰「翹」，以示不臣劉氏。如鄭君、韓延之二人者，可以語事君之義矣。

漢宣帝初立，謁見高廟，霍光驂乘，上内嚴憚之，若有芒刺在背。唐宣宗初立，李德裕奉册，上問左右：「適近我者，非太尉耶？每顧我，使我毛髮洒淅。」世謂霍氏之禍，萌於驂乘；李氏之禍，起於奉册。故曰：威震主者不畜。二公甚類也。

李匡威忌日，王鎔就第弔之，匡威素服衷甲見之。〔二〕唐末，武人忌日，尚素服受弔也。

張芸叟爲安信之言，舊見唐野史一書，出二事：一、明皇爲李輔國所弑，肅宗知其謀，不能制。不數日，雷震殺之。一、甘露禍起，北司方收王涯。盧仝者適在坐，并收之。仝訴曰：「山人也。」北司折之曰：「山人何用見宰相？」仝語塞，疑其與謀。自涯以下，皆以髮反繫柱上，釘其手足，方行刑。仝無髮，北司令添一釘於腦後，人以爲添丁之讖云。

秦始皇兼并天下，灰六籍，銷五兵，廢古文武之事，自立一王之制，本大賈人吕不韋之子。曹操以姦雄之資，正大漢，有餘力世官者，本夏侯氏之子。晉元帝渡江爲東晉，尚百年，本小吏牛氏之子。〔三〕天之所興，有不可知者。

晉史：劉聰時，盗發漢文帝霸陵、宣帝杜陵、薄太后陵，得金帛甚多。朝廷以用度不足，詔收其餘，以實府庫。自漢至晉已四五百年，陵中之帛，豈不腐壞？當云金玉可耳。又蘇公爲韓魏公論薄葬曰：「漢文葬於霸陵，木不改列，藏無金玉，天下以爲聖明，後世安於泰山。」亦非也。

牛僧孺自伊闕尉試賢良方正，深詆時政之失。宰相李吉甫忌之，泣訴於憲宗，以考官爲不公，罷之。考官，白樂天也，故并爲吉甫父子所惡。予謂牛、李之黨基於此。嘉祐中，蘇子由制策，上自禁省，歷言其闕不少避，至謂宰相不肖，思得婁師德、郝處俊而用之。宰相魏公亟以國士遇之，非但不忌也。嗚呼，賢於李吉甫遠矣！

司馬文正初作歷代論，至論曹操則曰：「是奪之於盗手，非取之於漢室也。」富文忠疑之，問於康節，以爲非是。予家尚藏康節答文忠書副本，當時或以告文正，今通鑑魏語下，無此論。

太史公南登廬山，觀禹疏九江，遂至於會稽太湟，上姑蘇，望五湖；西瞻蜀之岷山及離堆，而作河渠書。吴蜀之水爲江，秦之水爲河，其書江淮等，不當通曰河，蓋太史公秦人也。

漢史蕭何傳，先言民上書言何强賤買民田宅數千；又後言何買田宅必居窮僻處，爲家不治垣屋，曰：「令後世賢，師吾儉；不賢，毋爲勢家所奪。」其反覆不可信如此。

漢高祖嫚侮人，罵詈諸侯羣臣如奴耳。至張良，必字曰「子房」，而不敢名。高祖僞遊雲夢，縛韓信，載後車。信嘆息曰「狡兔死，良狗烹；高鳥盡，良弓藏」者，如子房棄人間事，從赤松子遊，高祖安得而害之？故司馬遷具書之，班固乃削去下二語，是未達淮陰之嘆耳。

漢高祖出成皋，東渡河，獨滕公從。張耳、韓信軍脩武。至，宿傳舍。晨自稱漢使者，馳入趙壁。張耳、韓信未起，即卧内奪其印符，麾召諸將，易置之。信、耳起，乃知高祖來，大驚。高祖既奪兩人軍，即令張耳備守趙地，韓信爲相國。文帝以劉禮軍霸上，徐厲軍棘門，周亞夫軍細柳。〔四〕上自勞軍。至霸上、棘門軍，直馳入，將以下騎出入送迎。至細柳軍，軍士吏被甲，鋭兵刃，彀弓弩，持滿。天子先驅至，不得入。

曰：「天子且至！」軍門都尉曰：「軍中聞將軍之令，不聞天子之詔。」有頃，帝至，又不得入。於是帝使使持節詔將軍曰：「吾欲勞軍。」亞夫乃傳言開壁門。壁門士請車騎曰：「將軍約，軍中不得驅馳。」於是天子按轡徐行。至中營，將軍亞夫揖曰：「介胄之士不拜，請以軍禮見。」天子爲改容式車。使人稱謝：「皇帝敬勞將軍。」成禮而去。帝曰：「嗟乎，此真將軍矣！鄉者霸上、棘門如兒戲爾。」予謂韓信善治軍，天子來乃不知，至即卧内奪印符以去，是可襲而虜也，其不嚴於周亞夫也遠矣。

兩漢之士，前惟張子房，後諸葛孔明，有洙泗大儒氣象。子房既辭齊三萬户封，又讓相國於蕭何，與上從容言天下事甚衆。〔五〕善乎太史公曰：「運籌帷幄之中，制勝於無形。」子房計謀其事，無知名，無勇功，圖難於易，爲大於細，可謂盡之矣。

劉玄德忍死屬孔明：「君才十倍曹丕，嗣子可輔，輔之；如其不才，君可自取。」蓋玄德已知禪之不肖，志欲拯一世之人於塗炭之中，既不幸以死，非孔明不可，乃誠言也。亦堯、舜、禹之事也。孫盛何人，輒以爲亂命，又以爲權術，豈足與論玄德、孔明哉！東坡先生謂孔明出師表，可與伊訓、説命相爲表裏。予謂亦周公鴟鴞救亂之詩也。故曰：「願陛下託臣以討賊興復之効，〔六〕不効，則治臣之罪，以告先帝之靈。」

使孔明爲玄德出師，必不爲此言矣。及軍中以孔明不起聞，〔七〕蜀人赴之不許，祠之又不許，至野祭相弔以哭何耶？使孔明無死，未保禪能相終始也。

崔瑗家無擔石，當世咨其清，故李固望風致敬。何杜喬爲八使，乃以贓罪奏瑗？士之欲免於讒謗，難矣哉！王陽車馬極鮮明，崔瑗賓客盛殽膳，然兩公皆清修節士也。故論人者，當察其實何如耳。

神宗惡後漢書范曄姓名，欲更修之。求東觀漢記，久之不得，後高麗以其本附醫官某人來上，神宗已厭代矣。至元祐年，高麗使人言狀，訪於書省，無知者。醫官已死，於其家得之，藏於中祕。予嘗寫本於呂汲公家，亦棄之兵火中矣。又予官長安時，或云鄠杜民家有江表傳、英雄志，因爲外臺言之，亟委官以取，民驚懼，遽焚之。世今無此三書矣。

堯、舜禪讓之事，尚有幽囚野死之駭言，賴孔子得無完書耳。況其假堯、舜以爲禪讓者，欲其臣主俱全難矣。獨漢獻帝自初平元年庚午即位，至延康元年庚子，遜位於魏王曹丕，實在位三十年。丕奉帝爲山陽公，邑萬户，位在諸侯王上，奏事不稱臣，受詔不拜，以天子車服郊祀天地、宗廟、祖、臘，皆如漢制。黄初七年丙午，曹丕死，曹叡立。青龍二年甲寅，山陽公薨，自遜位後十四年矣。叡變服，率羣臣哭盡哀，遣使弔祭，監護喪事，謚孝獻皇帝。册曰。〔八〕曹叡云：「用漢天子禮儀葬禪陵。」後五年，曹叡死，齊王芳立，四年廢。高貴鄉公髦立，五年死。陳留王奐立。景元元年庚辰，山陽公夫人節薨，王臨於華林園，使使持節追謚獻穆皇后。及葬，車服制度皆如漢氏故事。後四年，陳留王禪位於晉。是魏之尊奉漢帝后與其國相終始也。視晉以降曰禪讓者，豈不爲盛德事乎！史臣不知此義，尚貶曹丕無曠大之度，予故表而出之。

上柱國竇毅尚周武帝姊襄陽公主，其女聞隋楊堅受周静帝禪，自投堂下，撫膺太息曰：「恨我不爲男子，救外家之禍。」毅與公主掩其口曰：「汝勿妄言，赤吾族。」毅由是奇之，以妻唐公李淵，是爲太穆皇后，實生太宗，卒能滅隋云。

丹陽陶弘景博學多藝能，好養生之術，仕齊爲奉朝請，棄官隱茅山。梁武帝早與之游，恩禮甚至，每得其書，焚香以受。數手勑招之，不出。朝廷有吉凶征討大事，必先諮之，月中常有數信，人謂之「山中宰相」。將没，有詩曰：「夷甫任散誕，平叔坐論空。豈悟昭陽殿，遂作單于宫。」時天下之士猶尚西晉之俗，競談玄理，故弘景云爾。蓋散誕論空，則廢禮法，禮法既廢，則夷狄矣。古今之變，有必然者，弘景其知言也。

校勘記

〔一〕二帝於二臣　津逮本在「二臣」下有「甚類」二字。

〔二〕匡威素服衷甲見之　「衷甲」，津逮本、學津本皆作「裹甲」。按，新唐書卷二一二李匡威傳作「衷甲」。

〔三〕牛氏之子　「牛氏」原作「牛金」，據津逮本、學津本、錢本、曹本改。按，晉書卷六明帝紀作「牛氏」，則作「牛氏」是。

〔四〕周亞夫軍細柳　「細柳」，津逮本、學津本作「細柳營」。

〔五〕與上從容言天下事甚衆　「與上」原作「與之」。按，史記卷五五留侯世家云：「留侯從上擊代，出奇計馬邑下，及立蕭何相國，所與上從容言天下事甚衆。」今據改。

〔六〕以討賊興復之効　「効」，津逮本、學津本皆作「功」。按，三國志卷三五諸葛亮傳作「効」。

〔七〕及軍中以孔明不起聞　「不起」，津逮本、學津本均作「死赴」。

〔八〕册曰　按，三國志魏書明帝紀裴松之引獻帝傳作「今追謚山陽公曰孝獻皇帝，册贈璽紱」。則「册曰」似作「册贈璽紱」。

邵氏聞見後録卷第十

漢高祖一竹皮冠起田野，初不食秦禄，卒能除其暴，拯一世之人於刀机陷穽之下，置於安樂之地。帝天下，傳之子孫四百年。其取之無一不義，雖湯、武有愧也。史臣不知出此，但稱「斷蛇著符，協於火德」，謬矣。

「太史遷取賈誼過秦上下篇以爲秦始皇本紀、陳涉世家下贊文」，班固云爾。固賈誼傳不書過秦，今史記陳涉語下著過秦爲「褚先生曰」，非也。

王荆公非歐陽公貶馮道。〔一〕按道身事五主，爲宰相，果不加誅，何以爲史？荆公明妃曲云：「漢恩自淺胡自深，人生樂在相知心。」宜其取馮道也。

韓信既破趙廣武軍，李左車降虜也，乃西鄉而師事之，古今稱爲盛德事。然信既重左車如此，曷不言於高祖尊用之？一問攻燕伐齊之後，則不知左車何在，其姓名亦不復見於史矣。如信故善鍾離昧，昧亡歸信，信遇之不薄也。一旦逼昧自剄，〔二〕持其首以見高祖。昧罵曰：〔三〕「公非長者！」予恐前之李左車，如後之鍾離昧也，信之不終，宜哉。

新唐史南詔語中海島、溪峒間蠻人，馬援南征留之不誅者，謂「馬留人」。今世猴爲馬留，與其人形似耳。

舜一歲而巡四嶽，南方多暑，以五月之暑而南至衡山，北方多寒，以十一月之寒而至常山，世頗疑之。漢書郊祀志：武帝自三月出行封禪，又並海至碣石，又巡遼西，又歷北邊，又至九原，五月還甘泉，僅以百日行八千餘里，〔四〕尤荒唐矣。

丞相掾和洽言於曹操曰：「天下之人，才德各殊，不可以一節取也。世有儉素過中，自以處身則可，以此格物，所失或多。今朝廷之議吏，有着新衣、乘好車者，謂之不清；形容不飾，衣裘敝壞者，謂之廉潔。至令士大夫故汙辱其衣，藏其輿服；朝府大吏，或自挈壺飡以入官寺。夫立教以中庸，貴可繼也。今崇一概難堪之行以撿殊途，勉而爲之，必有疲瘁。古之大教，〔五〕務在通人情而已。凡激詭之行，則容隱僞矣。」紹興以來，宰相趙元鎮好伊川程氏之學。元鎮不識伊川，士資以進，反用妖妄眩惑一世，每拱手危坐，竟日無一言。或就之，則曰：「吾方思誠敬。」其去爲姦爲僞者，〔六〕十人而九必敝衣粗食，以自垢汙，否則斥爲不肖矣。予恐後世之惑也，得和洽之言，故表出之。

田横遠居萬里外海島中，高祖必欲其來，否則發兵誅之，横不敢違。四皓者，近在商山，距長安無百里，以高祖之暴，而子房謂「上有不能致者四人」，何也？蓋四皓俱振世之豪，其一天下拯人羣之志，〔七〕初與高祖同，高祖已帝，則可隱矣。故高祖全之不欲屈，非不能屈也。吾大父康節云。

游士汝南范滂等非訐朝政，自公卿以降皆折節下之。太學生争慕其風，以爲文學將興，處士復用。申屠蟠獨嘆曰：「昔戰國之時，處士横議，列國之王，至爲擁篲先驅，卒有坑儒燒書之禍，今之謂矣。」乃絶迹於梁、碭之間，因樹爲屋，自同傭人。居二年，滂等果罹黨錮，或死或刑者數百人。予謂桓、靈之時，國命自閹寺出，世既憤怨不平，故處士抗正議。互相名字，有「三君」、「八俊」、「八顧」、「八及」、「八廚」之名，太學諸生從之者至三萬餘人。閹寺反謂：別相署共爲部黨，圖危社稷。司空虞放、太僕杜密、長樂少府李膺、司隸校尉朱寓、潁川太守巴肅、沛相荀昱、河南太守魏朗、山陽太守翟超、任城相劉儒、太尉掾范滂等二百餘人，皆死獄中。或徒或廢或禁及七族者，又六七百人。天下爲之騷動，自古衣冠之禍未有也。世謂范滂等備忠孝之節者，誤矣。予得申屠蟠事，賢其絶識先物、智防明哲，〔八〕故表出之。

禹後二世已失邦，啓、太康也。周公後五世已殺君，伯禽、考公、煬公、幽公，弟濆殺幽公自立也。殷湯後一世有太甲失道，伊尹放之桐宫。周武王後四世有昭王，王道微缺，南巡狩，卒於江上，其卒不赴告，諱之也。漢高祖後一世有吕氏之禍。唐太宗後一世有武氏之禍。是數君者，豈無遺澤乎！

漢武帝用杜周爲廷尉，詔獄連逮至六七萬人，吏所增加十有餘萬人。唐武后鞫流人，一日之中，萬國俊殺三百人，劉光業殺九百人，王德壽殺七百人。

伯夷姓墨，名元，或作允，字公信；叔齊名智，字公達。兄弟也。孤竹君之子也。夷、齊蓋謚云。原注：出論語疏、出春秋少陽篇。

前漢書循吏傳云：「孝宣自霍光薨後，始躬親萬幾，勵精爲治，五日一聽政，自丞相以下各奉職而退。」五日一聽政，史臣以爲美，則孝宣而上，不親覽天下之務可知矣。

李勣病，謂其弟弼曰：「我見房、杜平生勤苦，僅立門户，遭不肖子蕩覆無餘。應我子孫，悉以付汝。葬畢，當居我堂，撫養孤幼，謹察視之，其有志氣不倫、交游非類者，皆先摑殺，然後以聞。」自是至死，不復更言。予謂勣親見太宗百戰取天下之難，又忍死甚悲之言，首以勣遺高宗。至高宗欲立太宗才人阿武爲后，褚遂良、郝處俊等死争不可，獨用勣「此陛下家事，勿問外人」一言，唐之宗社幾於覆亡，何勣能慮其家，不能慮其國也？勣真鄙夫也哉！

司馬文正公修通鑑時，謂其屬范純父曰：「諸史中有詩賦等，若止爲文章，便可删去。」蓋公之意，欲士立於天下後世者，不在空言耳。如屈原以忠廢，至沉汨羅以死，所著離騷，漢淮南王、太史公皆謂其可與日月争光，豈空言哉！通鑑并屈原事盡削去之，春秋褒毫髮之善，通鑑掩日月之光，何耶？公當有深識，求於考異中無之。

古者，人君即位稱元年，始終之義也。漢武帝乃加建元之號，後因以名年，已非是，又數更易其號，寧有人君即位稱元年之後，再稱元年之理？唐之太宗即位，稱貞觀元年，至二十三年而終，爲近古云。

唐太宗以讖欲盡殺宫中姓武者，李淳風以爲不可，竟殺李君羡。讖有「一女子，身姓武」，其明白如此。後高宗欲立太宗才人武氏爲皇后，長孫無忌、郝處俊、褚遂良力諫，初無一語及武氏之讖。何也？武氏之變，至不可言，司馬文正通鑑不書怪，獨書此讖云。

漢桓帝時，或言：「民之貧困，必貨輕錢薄，發更鑄大錢。」事下四府羣僚、太學能言之士議之。予嘗論國有政事，何太學之士得議？蓋其噓枯吹生，抑揚震動至此，故竇武得兩宮賞賜，悉散與太學諸生；陳蕃聞王甫之變，將諸生八十餘人拔刃以入；〔九〕范滂挾公議爲訐，公卿皆折節下之；太學諸生附之者三萬餘人，卒成部黨之禍，漢隨以亡。豈但曹節等罪哉！

靖康初元，海外與國亂神州，勢尚淺。朝廷有施行，太學諸生必起論之。又舉合國人進斥大臣，擊登聞鼓，碎之。廟堂畏怯拱默，不敢立一事，天下卒至不救。賴今天子中興，加大號令，始畏懾壞散。不然，其禍不在漢部黨之下矣。

鮑宣云：〔一〇〕「民有七亡，豪強大姓蠶食無厭，一亡也。」馬援云：「大姓侵小民，乃太守事耳。」然以曹操之勇，尚云：「先在濟南除殘去穢，以是爲豪強所忿，恐致家禍，故謝病去。」今之君子，欲區區以禮義廉恥裁大姓之暴吾民者，亦疏矣。

蜀於韋皐刻石文字，後書皐名者，必鐫其中，僅可辯。故宋子京書皐事云：「蜀人思之，見其遺像必拜，凡刻石著皐名者皆鑱去其文，尊諱之。」近有自西南夷得皐授故君長牒，於皁位下，書若皁字，復塗以墨，如刻石者，蓋「皁」花字也。當時書石，亦用前名後押之制，非蜀人鑱其文尊諱之。如本朝韓魏公書「花」字寫成「琦」字，復塗以墨，尚可辯，亦此體也。

校勘記

〔一〕貶馮道　「貶」，學津本誤作「取」。按，疑因下言「宜其取馮道也」致誤。

〔二〕一旦逼昧自剄　「一旦」，學津本作「一日」。義亦通。

〔三〕昧罵曰　「昧」，津逮本作「高祖」。按，史記卷九二淮陰侯列傳作鍾離昧罵韓信，則作「昧」是。

〔四〕以百日行八千餘里　「八千」，津逮本、學津本、曹本皆作「萬八千」。按，漢書音義作「萬八千」，下言「尤荒唐矣」，似作「萬八千」是。

〔五〕古之大教　原作「古之人大教」，據津逮本、學津本、曹本删。按，三國志卷二三和洽傳作「古之大教」。

〔六〕其去爲姦爲僞者　「其」，津逮本、學津本、曹本皆作「姑」。

〔七〕拯人羣之志　「拯」原作「□」，據津逮本、學津本、曹本補。「志」原作「致」，津逮本作「至」，據曹本改。

〔八〕智防明哲　「智防」，學津本、葉本作「保身」。

〔九〕將諸生八十餘人拔刃以入　「八十」，津逮本、學津本、錢本、曹本皆作「八千」。按，後漢書卷六六陳蕃傳作「將官屬諸生八十餘人，並拔刃突入承明門」。則作「八十」爲是。

〔一〇〕鮑宣　「宣」，津逮本、錢本均作空一格。按，漢書卷七二鮑宣傳載有本條之意，似作「鮑宣」是。

邵氏聞見後録卷第十一

大賢如孟子，其可議，有或非或疑或辯或黜者，何也？予不敢知。具列其説於下方，學者其折衷之。後漢王充有刺孟，近代何涉有删孟，文繁不録。王充刺孟出論衡，韓退之贊其「閉門潛思，論衡以修」矣。則退之於孟子「醇乎醇」之論，亦或不然也。

略法先王而不知其統，[一]猶然而材劇志大，聞見雜博。案往舊造説，謂之五行，甚僻違而無類，幽隱而無説，閉約而無解。案飾其辭而祗敬之，[二]曰：此真先君子之言也。子思唱之，孟軻和之，世俗之講猶瞀儒，嚾嚾然不知其所非也，遂受而傳之，以爲仲尼、子游爲兹厚於後世。是則子思、孟軻之罪也。

右荀子非十二子

疑「伯夷隘，柳下惠不恭」，曰：孟子稱所願學者孔子，然則君子之行孰先於孔子？孔子歷聘七十餘國，皆以道不合而去，豈非非其君不事乎？孺悲欲見孔子，孔子辭以疾，豈非非其友不友乎？陽虎得政於魯，孔子不肯仕，豈非不立於惡人之朝乎？

爲定、哀之臣，豈非不羞汙君乎？爲委吏，爲乘田，豈非不卑小官乎？舉世莫知之，不怨天，不尤人，豈非遺佚而不怨乎？飲水曲肱，樂在其中，豈非阨窮而不憫乎？居鄉黨，恂恂似不能言，豈非由由與之偕而不自失乎？是故，君子邦有道則見，邦無道則隱，事其大夫之賢者，友其士之仁者，非隘也。和而不同，遯世無悶，非不恭也。苟無失其中，雖孔子由之，何得云君子不由乎？

疑「陳仲子避兄離母」，曰：仲子以兄之禄爲不義之禄，蓋謂不以其道事君而得之也。以兄之室爲不義之室，蓋謂不以其道取於人而成之也。仲子蓋嘗諫其兄矣，而兄不用也。仲子之志，以爲吾既知其不義矣，然且食而居之，是口非之而身享之也，故避之。居於於陵，於陵之室與粟，身織屨、妻辟纑而得之也，非不義也。豈當更問其築與種之者誰邪？以所食之鶂鶂，兄所受之饋也，故哇之。豈以母則不食，以妻則食之邪？君子之責人，當探其情，仲子之避兄離母，豈所願邪？若仲子者，誠非中行，亦狷者有所不爲也。孟子過之，何其甚歟？

疑「孟子將朝王」，曰：孔子，聖人也；定、哀，庸君也。然定、哀召孔子，孔子不俟駕而行。過位，色勃如也，足躩如也；過虛位且不敢不恭，況召之有不往而他適乎？〔三〕孟子學孔子者也，其道豈異乎？夫君臣之義，人之大倫也，孟子之德，孰與周公？其齒之長，孰與周公之於成王？成王幼，周公負之以朝諸侯，及長而歸政，北面稽首畏事之，與事文、武無異也。豈得云彼有爵，我有德齒，可慢彼哉！

疑「孟子謂蚳鼃，居其位不可以不言，言而不用不可以不去，己無官守，無言責，進退可以有餘裕」。〔四〕曰：孟子居齊，齊王師之。夫師者，導人以善而救其惡者也。豈得謂之「無官守、無言責」乎？若謂之爲貧而仕邪，則後車數十乘，從者數百人，仰食於齊，非抱關擊柝之比也。詩云：「彼君子兮，不素餐兮。」夫賢者所爲，百世之法也。余懼後之人挾其有以驕其君，無所事而貪禄位者，皆援孟子以自况，故不得不疑。

疑「沈同問伐燕」，曰：孟子知燕之可伐，而必待能行仁政者乃可伐之。齊無仁政，伐燕非其任也。使齊之君臣不謀於孟子，〔五〕孟子勿預知可也。沈同既以孟子之言勸王伐燕，孟子之言尚有懷而未盡者，安得不告王而止之乎？〔六〕夫軍旅者，大事也，民之死生，國之存亡皆繫焉。苟動不得其宜，則民殘而國危，仁者何忍坐視其繆妄乎？

疑「父子之間不責善」，曰：經云「當不義，則子不可不争於父」。傳云「愛子教之以義方」。孟子云:「父子之間不責善。」不責善,是不諫不教也,而可乎?

疑「性猶湍水」,曰:告子云:「性之無分於善不善,猶水之無分於東西。」此告子之言失也。水之無分於東西,謂平地也。使其地東高而西下,西高而東下,豈決導所能致乎?性之無分於善不善,謂中人也。瞽叟生舜,舜生商均,豈陶染所能變乎?孟子云人無有不善,此孟子之言失也。丹朱、商均自幼及長,日所見者堯、舜也,不能移其惡,豈人之性無有不善乎?〔七〕

疑「生之謂性」,曰:孟子云:「白羽之白猶白雪之白,白雪之白猶白玉之白。」告子當應之云:「色則同矣,性殊也。」羽性輕,雪性弱,玉性堅,而告子亦皆然之,此所以來犬牛人之難也。孟子亦可謂以辯勝人矣。

疑「齊宣王問卿」,曰:禮「君不與同姓同車,與異姓同車」,嫌其偪也。爲卿者,無貴戚異姓同姓皆人臣也。人臣之義,諫於君而不聽,去之可也,死之可也,若之何其以貴戚之故,敢易位而處也。孟子之言過矣。君有大過無若紂,紂之卿士莫若王子比干、箕子、微子之親且貴也。微子去之,箕子爲之奴,比干諫而死。孔子曰商有三仁焉。夫以紂之過大,而三子之賢,猶且不敢易位也,况過不及紂而賢不及三子者乎？必也使後世有貴戚之臣，諫其君而不聽，遂廢而代之，曰：「吾用孟子之言也，非篡也，義也。」其可乎？或曰：孟子之志，欲以懼齊王也。是又不然。齊王若聞孟子之言而懼，則將愈忌惡其貴戚，聞諫而誅之；貴戚聞孟子之言，又將起而蹈之，則孟子之言，不足以格驕君之非，而適足以爲篡亂之資也。其可乎？

疑「所就三，所去三」。曰：君子之仕，行其道也，非爲禮貌與飲食也。伊尹去湯就桀，桀豈能迎之以禮哉？孔子栖栖遑遑周遊天下，佛肸召，欲往，公山弗擾召，欲往，彼豈爲禮貌與飲食哉？急於行道也。〔八〕今孟子之言曰：「雖未行其言也，迎之有禮，則就之。禮貌衰，則去之。」是爲禮貌而仕也。又曰：「朝不食，夕不食，君曰『吾大者不能行其道，又不能從其言也，使飢餓於我土地，吾恥之』。周之，亦可受也。」是爲飲食而仕也。必如是，是不免於鬻先王之道，以售其身也，古之君子之仕者，殆不如此。

疑「堯、舜，性之也；湯、武，身之也；五霸，假之也」。曰：所謂性之者，天予之也；身之者，親行之也；假之者，外有之而内實亡也。堯、舜、湯、武之於仁義也，皆性得而身行之也。五霸則強焉而已矣。夫仁者，〔九〕所以治國家而服諸侯也。皇帝王霸皆用之，顧其所以殊者，大小高下遠近多寡之間耳。假者，文具而實不從之謂也。文具而實不從，其國家且不可保，況能霸乎？雖久假而不歸，猶非其有也。

疑「瞽叟殺人」，曰：虞書稱舜之德曰：「父頑，母嚚，象傲。克諧以孝，烝烝乂，不格姦。」所貴於舜者，爲其能以孝和諧其親，使之進，進以善自治而不至於惡也。如是，則舜爲子，瞽叟不殺人矣。若不能止其未然，使至於殺人，執於有司，乃棄天下，竊之以逃，狂夫且猶不爲，而謂舜爲之乎？是特委巷之言也，殆非孟子之言也。且瞽叟既執於皋陶矣，舜惡得而竊之？雖負而逃於海濱，皋陶猶可執也。若曰皋陶外雖執之以正其法，而内實縱之以予舜，是君臣相與爲僞，以欺天下也，惡得爲舜與皋陶哉！又舜既爲天子矣，天下之民戴之如父母，雖欲遵海濱而處，民豈聽之哉？是皋陶之執瞽叟，得法而亡舜也，所亡益多矣。故曰：是特委巷之言，殆非孟子之言也。右司馬文正公疑孟

子曰：「回也，其心三月不違仁，其餘則日月至焉而已矣。」孔子曰：「吾之於人也，誰毀誰譽？如有所譽，必有所試。」其於顔淵，試之也熟而觀之也審矣。蓋嘗默而察之，閲三月之久，而其顛沛造次，無一不出於仁者，是以知其終身弗叛也。君子

之觀人也，必於其所慮焉觀之，此其所慮者容有僞也，雖終身不得其真，故三月之久，必有備慮之所不及者。僞之與真無以異，而君子賤之何也？有利害臨之則敗也。孟子曰：「堯、舜，性之也；湯、武，身之也；五霸，假之也。久假而不歸，安知其非有也？」假之與性，其本亦異矣，豈論其歸與不歸哉？使孔子觀之，不終日而決，不待三月也，何不知之有？

子曰：「志於道，據於德，依於仁，游於藝。」志者無求無作，志於心而已，孟子所謂心勿忘。據者可求可作之謂也。依者未嘗須臾離，而游者出入可也。君子志於道，則物莫能留；而游於藝，則道德有自生矣。

子貢問政，子曰：「足食，足兵，民信之矣。」子貢曰：「必不得已而去，於斯三者何先？」曰：「去兵。」子貢曰：「必不得已而去，於斯二者何先？」曰：「去食。自古皆有死，民無信不立。」孟子較禮食之輕重，禮重而食輕，則去食；食重而禮輕，則去禮。惟色亦然。而孔子去食存信，曰「自古皆有死，民無信不立」。不復較其重輕何也？曰「禮信之於食色，如五穀之不殺人」。今有問者曰：吾恐五穀殺人，欲禁之如何？必答曰：吾甯食五穀而死，不禁也。此孔子去食存信之論也。今答曰：擇其殺人者禁之，其不殺人者勿禁也，五穀安有殺人者哉？此孟子禮食輕重之論也。禮所以使人得妻也，廢禮而得妻者皆是，緣禮而不得妻者，天下未嘗有也。信所以使人得食也，棄信而得食者皆是，緣信而不得食者，天下未嘗有也。今立法不從天下之所同，而從其所未嘗有以開去取之門，使人以爲禮有時而可去也，則將各以其私意權之，其輕重豈復有定物？由孟子之説，則禮廢無日矣。或曰：舜不告而娶，則以禮則不得妻也。曰：此孟子之所傳，古無是説也。凡舜之事，塗廩浚井，不告而娶，皆齊魯閒野人之語，考之於書，舜之事父母，蓋烝烝焉，不至於姦，無是説也。使不幸而有之，則非人理之所期矣。自舜已來，如瞽叟者，蓋亦有之，爲人父而不欲其子娶妻者，未之有也。故曰：緣禮而不得妻者，天下無有也。或曰：嫂叔不親授，禮也。嫂溺而不援，曰禮不親授，可乎？是禮有時而去取也。曰嫂叔不親授，禮也。嫂溺援之以手，亦禮也。何去取之有？

校勘記

〔一〕略法先王　「王」原作「生」，據曹本改。按，荀子非十二子作「略法先王」。

〔二〕案飾其辭　原無「案」字，據學津本補。按，荀子非十二子作「案飾其辭」。

〔三〕不往　「往」，津逮本、學津本、曹本皆作「信」。

〔四〕居其位不可以不言……進退可以有餘裕　此三十一字，津逮本、學津本、曹作皆作「無言責」三字。

〔五〕齊之君臣　「臣」，津逮本、學津本、葉本皆無。

〔六〕而止之乎　「止」，學津本、葉本、曹本皆作「正」。

〔七〕無有不善乎　「無」，津逮本作「染」。按，司馬光文集卷七三疑孟謂「無不善乎」。

〔八〕急於行道也　「也」原作「耳」，據津逮本、學津本、葉本、曹本改。按，司馬光文集卷七三疑孟作「急於行道也」。

〔九〕夫仁者　原作「夫仁義者」，據津逮本、學津本、葉本、曹本改。按，司馬光文集卷七三疑孟作「夫仁者」。

邵氏聞見後録卷第十二

季康子問政於孔子曰：「如殺無道，以就有道，何如？」孔子對曰：「子爲政，焉用殺？子欲善而民善矣。君子之德風，小人之德草，草上之風，必偃。」蓋雖堯、舜在上，不免於殺無道。然君子終不以殺勸其君，堯、舜之民，不幸而自蹈於死〔二〕則有之，吾未嘗殺也。孟子言「以生道殺民，雖死不怨殺者」。使後世暴君汙吏皆曰：吾以生道殺之。故孔子不忍言之。

子曰：「富而可求也，雖執鞭之士，吾亦爲之。如不可求，從吾所好。」大凡物之可求者，求則得，不求則不得也。仁義未有不求而得之，亦未有求而不得者，是以知其可求也。故曰「仁，遠乎哉？我欲仁，斯仁至矣」。富貴有求而不得者，有不求而得者，是以知其不可求也。故「富而可求也，雖執鞭之士，吾亦爲之。如不可求，從吾所好」。聖人之於利，未嘗有意於求也。豈問其可不可哉？然將直告之以不求，則人猶有可得之心，特迫於聖人而止耳。夫迫於聖人而止，則其止也有時而作矣，故告之以不可求者曰，使其可求，雖吾亦將求之，以爲高其閈閎，固其扃鐍，不如開門發篋而示之無有也。而孟子曰：「食色，性也，有命焉，君子不謂性也。仁義，命也，有性焉，君子不謂命也。」君子之教人，將以其實，何不謂之有？夫以食色爲性，則是可求而得也，君子禁之；以仁義爲命，則是不可求而得也，而君子強之。禁其可求者，強其不可求者，天下其孰能從之？故仁義之可求，富貴之不可求，理之誠然者也。以可爲不可，以不可爲可，雖聖人不能。

子貢問曰：「何如斯可謂之士矣？」子曰：「行己有恥，使於四方，不辱君命，可謂士矣。」曰：「敢問其次。」曰：「宗族稱孝焉，鄉黨稱弟焉。」曰：「敢問其次。」曰：「言必信，行必果，硜硜然小人哉！抑亦可以爲次矣。」立然諾以爲信，犯患難以爲果，此固孔子之所小也。孟子因之，故曰：「大人者，言不必信，行不必果。」此則非孔子之所謂大人也。大人者，不立然諾而言未嘗不信，不犯患難而行未嘗不果。今也以不必信爲大，是開廢信之漸，非孔子去兵去食之意。

或問子產。子曰：「惠人也。」子產爲鄭作封洫，立謗政，鑄刑書，其死也教太叔以猛，其用法深，其爲政嚴，有及人之近利，而無經國之遠猷。故渾罕、叔向皆譏之，〔三〕

而孔子以爲惠人，不以爲仁，蓋小之也。孟子曰：子産以乘輿濟人於溱洧，「惠而不知爲政」。蓋因孔子之言而失之也。子産之於政，整齊其民賦，完治其城郭道路，而以時修其橋梁，則有餘矣。豈以乘輿濟人者哉？禮曰：「子産人之母也，能食之而不能教。」此又因孔子之言而失之也。〔三〕

「樂則韶舞。放鄭聲，遠佞人。鄭聲淫，佞人殆。」鄭聲之害，與佞人等。而孟子曰「今樂猶古樂」，何也？使孟子爲政，豈能存鄭聲而不去也哉？其曰「今樂猶古樂」，特因王之所悦而入其言耳。非獨此也，好色、好貨、好勇，是諸侯之三疾也，而孟子皆曰無害。從吾之説，百姓惟恐王之不好也。譬之於醫，以藥之不可口也，而以其所嗜爲藥，可乎？使聲色與貨而可以王，則利亦可以進仁義，何獨拯梁王之深乎？此豈非失其本心也哉？

子曰：「性相近也，習相遠也。」又曰：〔四〕「唯上智與下愚不移。」性可亂也，而不可滅。可滅，非性也。人之叛其性，至於桀、紂、盗跖至矣。然其惡必自其所喜怒，其所不喜怒，未嘗爲惡也。故木之性上，水之性下，木抑之可使輪囷。抑者窮，未嘗不上也。水激之，可使瀵湧上達。激者衰，未嘗不下也。此孟子之所見也。孟子有見於性，而離於善。易曰：「一陰一陽之謂道，繼之者善也，成之者性也。」成道者性，而善繼之耳，非性也。性如陰陽，善如萬物，萬物無非陰陽者，而以萬物爲陰陽，則不可。故陰陽者，視之不見，聽之不聞，而非無也。今以其非無即有而命之，則凡有者皆物矣，非陰陽也。故天一爲水，而水非天一也；地二爲火，而火非地二也。爲善而善非性也，使性而可以謂之善，則孔子言之矣。苟可以謂之善，亦可以謂之惡，故荀卿之所謂性惡者，蓋生於孟子。而揚雄之所謂善惡混者，蓋生於二子也。性其不可以善惡命之，故孔子之言，曰「性相近也習相遠也」而已。夫苟相近，則上智與下愚，曷爲不可移也？曰：有可移之理，無可移之資也。若夫吾弟子由之論也，曰：雨於天者，水也；流於江河、蓄於坎井，亦水也；積而爲泥塗者，亦水也；指泥塗而告人曰，是有水之性可也。曰：吾將使其清而飲之則不可。是之謂上智與下愚不移也。〔五〕蘇東坡云：予爲論語説，與孟子辯者八。

堯傳之舜，舜傳之禹，禹傳之湯，湯傳之文、武、周公，文、武、周公傳之孔子，孔子傳之孟軻，軻之死不得其傳焉。如何曰孔子死不得其傳矣？彼孟子者，名學孔子而實背之者也，焉能傳。敢問何謂也？曰：孔子之道，君君臣臣也；孟子之道，人皆可以爲君也。天下無王霸，言僞而辯者不殺，諸子得以行其意，孫、吴之智，蘇、張之詐，孟子之仁義，其原不同，其所以亂天下一也。

孟子曰：「五霸者，三王之罪人也。」吾以爲孟子者，五霸之罪人也。五霸帥諸侯事天子，孟子勸諸侯爲天子，苟有人性者，必知其逆順耳矣。孟子當周顯王時，其後尚且百年而秦并之。嗚呼！孟子忍人也，其視周室如無有也。

孔子曰：「桓公九合諸侯，不以兵車，管仲之力也。如其仁。」又曰：「管仲相桓公，霸諸侯，一匡天下，民到於今受其賜。微管仲，吾其被髪左衽矣。」而孟子謂：「以齊王，由反手也。功烈如彼其卑。」故曰：管仲，曾西之所不爲。」嗚呼！是猶見人之救鬬者而笑曰：胡不因而殺之，貨可得也，雖然，他人之救鬬者耳。桓公、管仲之於周，救父祖也，而孟子非之，奈何？

或曰：〔六〕然則湯、武不爲歟？曰：湯、武不得已也，契、相土之時，詎知其有桀哉？后稷、公劉、古公之時，詎知其有紂哉？夫所以世世樹德，以善其身，以及其國家而已。湯、武之生，不幸而遭桀、紂，放之殺之，而涖天下，豈湯、武之願哉？仰畏天，俯畏人，欲遂其爲臣而不可得也。由孟子之言，則是湯、武修仁行義，以取桀、紂耳。

嗚呼！吾乃不知仁義之爲篡器也。

仲虺之誥：成湯放桀於南巢，惟有慙德，曰：「予恐來世以台爲口實。」孔子謂「武，盡美矣，未盡善也」。彼順天應人，猶鮠䲘如此。孟子固求之，〔七〕其心安在乎？孔子曰：「三分天下有其二，以服事殷。周之德，其可謂至德也已矣。」又曰：「有君民之大德，有事君之小心。」書序：「伊尹既醜有夏，復歸於亳。」孟子亦曰：「五就湯，五就桀者，伊尹也。」夫周顯王未聞有惡行，特微弱耳。非紂也，而齊、梁不事之；非桀也，而孟子不就之。嗚呼！孟子之欲爲佐命，何其躁也？

孟子曰：「盡信書，則不如無書。仁人無敵於天下，以至仁伐至不仁，而何其血之流杵也？」曰：紂一人惡耶，衆人惡邪？〔八〕衆皆善而紂獨惡，則去紂久矣，〔九〕不待周也。夫爲天下逋逃主，萃淵藪，同之者可遽數邪？紂存則逋逃者存，紂亡則逋逃者曷歸乎？其欲拒周者，又可數邪？血流漂杵，未足多也。或曰：前徒倒戈攻於後以北，故荀卿曰：殺者皆商人，非周人也。然則商人之不拒周審矣，曰：如皆北也，焉用攻？

或問：「禹薦益於天。七年，禹崩。三年之喪畢，益避禹之子於箕山之陰。朝覲、訟獄者不之益而之啓，謳歌者不謳歌益而謳歌啓，曰：『吾君之子也。』有諸？」曰：「禹不知啓賢邪？知而且以傳益邪？父不知子，安用明哉？知其賢，天下終歸之，而讓以爲名，是僞也，孰謂聖人而不明且僞也？夫益亦不知啓賢，不辭於禹，禹崩而後避之，以蹈舜禹之迹，又終不得爲舜禹，其無慙乎？益與稷、皋陶一體人也，不宜如是，且吾夫子未之言也。」或曰：「然則舜避堯之子於南河之南，禹避舜之子於陽城，如何？」曰：「堯不聽舜讓，舜受終於文祖；舜不聽禹讓，禹受命於神宗，或二十有八載，或十有七年，曆數在躬，既決定矣；天下之心，既固結矣；又可避乎？舜、禹未嘗避也。由孟子之言，則古之聖人作僞者也。王莽執孺子手，流涕歔欷，何足哂哉！」

或曰：「父母使舜完廩，捐階，瞽叟焚廩；使浚井，出，從而掩之。象曰：『謨蓋都君咸我績，牛羊父母，倉廩父母，干戈朕，琴朕，弤朕，二嫂使治朕棲。』象往入舜宮，舜在牀琴。象曰：『鬱陶思君爾。』忸怩。舜曰：『惟茲臣庶，汝其於予治。』有諸？」曰：「書云：『瞽子，父頑，母嚚，象傲。克諧以孝，烝烝乂，弗格姦。』又曰『負罪引慝，祗載見瞽叟，夔夔齊慄，瞽叟亦允若』。」〔一〇〕是瞽象未嘗欲殺舜也。瞽象欲殺舜，刃之可也，何其完廩浚井之迂？其亦有所慮矣。象猶能慮，則謂二嫂者，帝女也，奪而妻之可乎？堯有百官牛羊倉廩，備以事於畎畝之中，而不能衞其女乎？雖其見奪，又無吏士、無刑法以治之乎？舜以父母之不愛，號泣於旻天，父母欲殺之，幸而得脱，而遽鼓琴，何其樂也！是皆委巷之説，而孟子之聽不聰也。

或曰：「以德行仁者王，王不待大，湯以七十里，文王以百里。何如？」曰：皆孟子之過也。大雅曰「瑟彼玉瓚，黄流在中」。九命然後錫以圭瓚秬鬯，帝乙之時，王季爲西伯，以功德受此賜，周自王季，中分天下而治之矣，奚百里而已哉？商頌曰「玄王桓撥，受小國是達，受大國是達，率履不越，遂視既發。相土烈烈，海外有截。帝命不違，至於湯齊」。契之時，已受大國，相土承契之業，入爲王官伯，出長諸侯，威武烈烈，然四海之外率服，截爾整齊，商自相土威行乎海外矣，奚七十里而已哉？嗚呼！孟子之教人，教之以不知量也。

或曰：「然則仁義無益於人者乎？」曰：「奚其爲無益也。天子用之以保其天下，諸侯用之以保其社稷，卿大夫用之以保其宗廟，士用之以保其禄位，庶人用之以保其田里。〔三〕使君臣上下，父子、兄弟、夫婦，相愛相恭，相正相救，厭然如宫商之應，如畫繢之次，禍亂日以消，名譽日以廣，奚其爲無益也。若夫挾欲趨利，圖謀非分，豈仁義之意哉？乃孟子之邪言，陷人於逆惡也。」

或曰：「孟子之言，諸侯奚不聽也，謂其迂闊者乎？」曰：迂闊有之矣，亦足憚也。孟子位諸侯，則能以取天下矣。位卿大夫，豈不能取一國哉！爲其君者，不亦難乎？然滕文公嘗行孟子之道矣。故許行、陳相稱之曰「仁政」，曰「聖人」也。其後寂寂，不聞滕侯之得天下也。孟子之言，故無驗也。

校勘記

〔一〕終不以殺勸其君堯舜之民不幸　津逮本、學津本、錢本皆作「終不以殺人訓民之不幸」。

〔二〕渾罕　津逮本、學津本均作「子罕」。按，渾罕，即子寬，鄭大夫。見左傳昭公四年。則作「渾罕」爲是。

〔三〕孔子之言　「孔子」，津逮本、曹本均作「孟子」。

〔四〕又曰　津逮本、學津本、曹本皆作「子曰」。義同。

〔五〕不移也　「也」，津逮本、學津本均作「右」，曹本作「如」。作「右」或「如」，皆屬下句。

〔六〕或曰　學津本、葉本、曹本皆在「或」上空一格，津逮本作另行起，據文義，從津逮本改。

〔七〕孟子固求之　學津本、葉本、曹本皆作「而孟子固求之」。

〔八〕衆人惡邪　津逮本、錢本均作「衆人之惡邪」。

〔九〕則去紂久矣　「去」原作「失」，據津逮本、學津本、曹本改。

〔一〇〕瞽叟亦允若　「瞽叟」，學津本、曹本均作「瞽」。按，尚書作「瞽亦允若」。

〔一一〕卿大夫用之……庶人用之　此十七字，津逮本無。

邵氏聞見後録卷第十三

孔子與賓牟賈言大武，曰「聲淫及商」何也？對曰：「非武音也，有司失其傳也。若非有司失其傳，則武王之志荒矣。武王之志猶不貪商，而孟子曰文王望道而未之見，謂商之録未盡也，〔一〕病其有賢臣也。文王貪商如此其甚，則事君之小心安在哉？豈孔子之妄言哉？〔二〕孔子不妄也，孟子之誣文王也。」或曰：「孟子之心，以天下積亂已久，諸侯皆欲自爲雄，苟説之以臣事周，孰能喜也？故揭仁義之竿，而湯、武爲之餌，幸其速售，以拯斯民而已矣。」曰：「孟子不肯枉尺直尋，謂以順爲正者，妾婦之道，其肯屑就之如此乎？夫仁義又豈速售之物也？子噲不得與人燕，子之不得受燕於子噲，固知有周室矣。天之所廢，必若桀、紂，周室其爲桀、紂乎？盛之有衰，若循環然，聖王之後，不能無昏亂，尚賴臣子救正之耳。天下之地，方百里者有幾？家家可以行仁義，人人可以爲湯、武，則六尺之孤可託者誰乎？孟子自以爲好仁，吾知其不仁甚矣。」

齊王欲見孟子，而稱有疾。明日，出弔。王使人問疾，醫來，孟仲子請必無歸，而造於朝。不得已而之景丑氏宿焉。孔子「君命召，不俟駕行矣」。則曰：孔子當仕有官職。夫孟子爲齊卿，無官職邪？天下有達尊三：爵一，齒一，德一。惡得有其一以慢其二？孔子德薄且齒少邪？君之所不臣者二，當其爲尸，則弗臣也；當其爲師，則弗臣也。謂講道之頃耳，匪常常然也。人君尊賢，其臣尚當辭，矧可以要之也哉？是孟子之驕習矣，宜乎其教諸侯以反天子也。

孟子曰：「紂之去武丁未久也，其故家遺俗，流風善政，猶有存者；又有微子、微仲、王子比干、箕子、膠鬲，皆賢人也，相與輔相之，故久而後失之也。尺地，莫非其有也，一民莫非其臣也，然而文王猶方百里起，是以難也。齊人有言曰：『雖有智慧，不如乘勢；雖有鎡基，不如待時。』今時則易然也。」今之學者曰：「自天子至於庶人，皆得以行王道。孟子説諸侯行王道，非取王位也。」應之曰：「行其道而已乎？則何必紂之失之也？何憂乎善政之存？何畏乎賢人之輔？尺地一民，皆紂之有，何害諸侯之行道哉？」

齊宣王問曰：「人皆謂我毀明堂，毀諸？已乎？」孟子對曰：「夫明堂者，王者之堂也。王欲行王政，則勿毁之矣。」行王政而居明堂，非取王位而何也？君親無將，不容纖芥於其間，而學者紛紛，強爲之辭。又謂孟子權以誘諸侯，使進於仁義，仁義達則尊君親親，周室自復矣。應之曰：「言仁義而不言王，彼悦之而行仁義，固知尊周矣。言仁義之可以王，彼悦之，則假仁義以圖王，唯恐得之之晚也，尚何周室之顧哉？嗚呼！今之學者雷同甚矣，是孟子而非六經，樂王道而忘天子。吾以爲天下無孟子可也，不可以無六經；無王道可也，不可以無天子。故作常語，以正君臣之義，以明孔子之道，以防亂患於後世耳。人知之非我利，人不知非我害，悼學者之迷惑，聊復有言。」

右李泰伯常語

毁我知之，譽我知之，是邪非邪？必求諸道，非道則已。孟子，吾知其有以曉然合於孔子者，常語不得不進之也。而謂由湯至於武丁，賢聖之君六七作，天下久則難變，故文王未洽於天下。齊有千里之地，行仁政而王，莫之能禦。由周而來，七百有餘歲矣。其數，則過；其時考之，則可。當今之世，舍我其誰？是教諸侯以仁政叛天子者也，欲爲佐命者也，常語不得不絶之矣。夫天子，固不可叛也；六經，亦不可叛也。

荀可叛之，則視孟之書猶寇兵虎翼者也。孟既唱之，學者和之，劉歆以詩、書助王莽，荀文若説曹操以王伯，乃孟之一體耳。使後世之君，卒不悦儒者，以此。常語之作，其不獲已，傷昔之人，以其言叛天子，今之人，又以其言叛六經。故曰：天下無孟子則可，不可以無六經；無王道則可，不可以無天子。是有大功於名教，非苟言焉。

右陳次公述常語

孟軻誠學孔子者也，其有背而違之者，常語討之甚明。世之學者，不求其意，漠爾而非之，是亦有由然也。何也？由孔子百餘歲而有孟軻，由孟軻數百歲而及揚雄，又數百歲而及韓愈。揚與韓，賢人也，其所以推尊孟子，皆著於其書。今常語驟有異於二子，宜乎其學軻者相驚而譊譊也。然譊譊者，豈知二子之尊軻處，常語亦尊之矣。所繆者，教諸侯以叛天子，以爲非孔子之志也，又以「盡信書不如無書」之説爲今之害。故今之儒者，往往由此言而破六經，常語可不作邪？且由孟子没千數百年矣，初荀卿嘗一白其非，而扼於揚子雲，及退之「醇乎醇」之説行，而後之學子遂尊信之。至於今兹，其道乃高出於六經，常語不作，孰爲究明？或曰：「子言則是矣，如衆口何？」曰：「顧與聖人如何爾，尚誰衆人之問哉！故曰人知之非我利，人不知之非我害。」

右傳野述常語

桃應問於孟子曰：「舜爲天子，皋陶爲士，瞽叟殺人，則如之何？」曰：「執之而已矣。」「然則舜不禁與？」曰：「舜安得而禁之哉？夫有所受之也。」「然則舜如之何？」曰：「竊負而逃，遵海濱而處，終身訢然，樂而忘其天下。」劉子曰：「孟子之言，察而不盡理，權而不盡義。孝子之事親也，既外竭其力，又內致其思，〔三〕不使其親有不義之名，不使其人有間非之言。瞽叟使舜塗廩，從而焚之，乃下；使浚井，從而揜之，乃出；舜往於田，日號泣於旻天，夔夔齊慄，〔四〕瞽叟亦允若。書曰：『父頑，母嚚，弟傲，克諧以孝，烝烝乂，不格姦。』由是觀之，舜爲天子，瞽叟必不殺人也。仲尼之作春秋，爲尊者諱，爲親者諱，爲賢者諱。故以子則諱父，以臣則諱君，豈獨春秋然哉？雖爲士者亦然。故必原父子之親、君臣之義以聽之。昔者商鞅之作法也，太子犯之。鞅曰：太子，君之貳也，不可以刑，刑其傅與師。鞅之法刻矣，然而猶有所移。由是觀之，瞽叟殺人，皋陶必不執也。葉公子高問於孔子曰：『吾黨直躬者，其父攘羊，而子證之。何如？』孔子曰：『不可。吾黨之直者異於是：父爲子隱，子爲父隱。』由是觀之，瞽叟殺人，皋陶雖執之，舜必不聽也。舜豈以天下有所愛，〔五〕顧臨其親哉？

夫聖人莫大焉，天子莫尊焉，以天下養，莫備焉。德爲聖人，尊爲天子，以天下養，然而不能使其親無一朝之患，是則非舜也。知聖人之德，知天子之尊，知天下養之備焉，而不知天子父之貴也，而務搏執之，是則非臯陶也。無其事云爾，有其事，奚至於『竊負而逃，遵海濱而處』？故曰孟子之言，察而不盡理，權而不盡義。夫衡之爲物也，徒懸則偏而倚，加權焉則運而平。一重一輕之間，聖人權之時也。請問權？曰：臯陶不難棄士，不過失刑而已矣。以君臣權之，天下之爲君臣者必定，義莫高焉。舜不難棄位，不過隱法而已矣。以父子權之，天下之爲父子者必悦，仁莫盛焉。故善爲政者，無以小妨大，無以名毁義，無以術害道，無以所賤干所貴，迂其身有以利天下則爲之，貶其名有以安天下則爲之，其唯舜、臯陶乎？」

右劉原父明舜

予讀韓愈書，知其斥楊墨、排釋老，以尊聖人之道，其志篤矣。自孟軻揚雄没，傳其道而醇者，唯韓愈氏而已。然其言孟軻輔聖明道之功不在禹下，斯亦過矣。得非美其流而忘其源乎？當堯之時，洪水浸天下，民病其害深矣。雖堯舜之聖，猶咨嗟遑遑，未有以治之之道，禹乃決横流而放於海，粒斯民而奠厥居，是天下之患，非禹不能去，昭昭然矣。雖百夔禼又何益哉？孔子之道，衣被天地，陶甄日月，萬類之性，人靈之本，孰不由其德而能存乎？苟一日失之，則鳥獸之不若也。當周之亡，辯詐暴横，聖人之道偶不行於一時，亦猶天地之晦，日月之蝕，運之常也，復何傷乎？孟軻，學聖人者也，〔六〕憤然而興，闢楊墨，誅叛義，以尊周公、孔子，信有大功於世。然聖人之道無可無不可，苟當時軻之徒不能力排楊墨，横遏異端，明仁義以訓天下，則聖人之教果從而廢乎？若使聖人之道遭楊墨之害而遂衰微，則亦一家之小説爾，又烏足謂萬世之法哉？軻雖欲張大其教，天下可從而興乎？是聖人之道，不爲一人而廢，一人而興，又昭昭然矣。其後嬴政肆虐，火其書，窒其途，愚天下之耳目，使不能通其説，其爲害過楊墨遠矣。然漢家之興，則孔氏之言，雷震於海内，豈復由軻之辯而後行邪？故曰：譽之不足益，毁之不足損，由其道大也。後之儒者，有能立言著書，振揚其風，發明其旨則可矣。若曰：隨其廢而興之，因其塞而通之，得非過矣乎？予謂楊墨之禍，未若洪水；然而九年之害，非禹不能平。孔氏之道，雖見侵毁，亦不由軻而益尊。〔七〕苟毁譽由軻而興，則不足謂之孔氏之道，使聖人復生，必不易予言也。

右張俞諭韓愈稱孟子功不在禹下

舜生三十，徵庸三十，在位五十載，陟方乃死。□謚法曰：「受禪成功曰舜，仁聖盛明曰舜。」白虎通曰：「舜猶僢僢也，言能推信堯道而行之。」孔安國曰：「舜生三十，徵庸三十，在位服喪三年，其一在三十之數，爲天子五十年，凡壽百一十二歲。」案書稱「帝乃殂落，百姓如喪考妣，三載，四海遏密八音」。言百姓思慕堯德，且明舜雖受終，令天下服喪三年，如繼世之禮，故於「殂落」下終言之。下文云「月正元日，舜格於文祖」。謂堯崩踰年，見於文祖廟而改元。孟軻不達此言，以爲三載服除後，舜格於文祖，乃妄稱孔子曰舜既爲天子，又帥天下諸侯，以爲堯三年喪，是二天子矣。若然，當以服除之月至廟，不當用「正月元日」也。踰年改元，春秋常法，迄今如之。軻又云堯、舜、禹崩，三年喪畢，舜、禹、益皆避其子，然後踐位。且舜正月上日受終文祖，已二十八年，豈容至服除未定，方讓其子？孔安國仍軻之謬，乃曰舜服堯喪三年畢，將即政，復至文祖廟。周衰，楊墨道盛，孟子排而闢之，可謂醇矣。其於論經義，説世事，知謀往往短局乖戾，陋儒愛其詞簡意淺，雜然崇尚，固可鄙笑也。司馬遷云：「舜年三十，堯舉之，五十攝行天子事，五十八堯崩，六十一代堯踐位，三十九年崩。」亦用孟軻舊説也。鄭玄云：「舜生三十，謂生三十年也。徵庸三十，謂歷試三十年也。在位五十載，陟方乃死，謂攝位至死爲五十年，舜年一百十歲也。」

右劉道原資治通鑑外紀

臣聞春秋尊一王之法，以正天下之本，與禮之尊無二上，其旨實同。蓋國之於君，家之於父，學者之於孔子，皆當一而不二者也。是以明王罷黜百家，表章六經，大儒推明孔氏，抑黜百家。今國家五十年來，於孔子之道或二而不一矣。其義說既歸之於老莊，〔八〕而設科以孟子配六經，視古之黜百家而專明孔氏六經者，不亦異乎？前者，學官罷黜孔子春秋，而表章僞雜之周禮，以孟子配乎孔子。而學者發言折中於孟子，而略乎論語，固可攷矣。今皇太子初就外傅之時，會官僚講孝經而讀孟子，蓋孟子不當先諸論語者也。如以孟子先諸論語，豈所以傅道皇太子天資邁世之令質而視之以一德哉？臣愚竊以謂宜講孝經而讀論語，恭俟講孝經畢日，復講其已講之論語，則其入德亦易矣。或問曰讀爾雅以示文字訓詁之本源，〔九〕而明天地萬物之名實，先儒謂爾雅本是周公訓成王之書，信不誣矣。臣愚流落衰暮之時，荷聖君一日非常之眷，自太子左諭德，授以詹事，苟有所志，不敢無犯而有隱。臣愚自度此言一出，必遭世俗侮謗不淺矣。其所恃以安者，陛下聖度，旁燭萬代之微，而不爲世俗惑也。重惟太子天下之本，而一本於孔子六經，則宗廟社稷之流光不亦偉乎！臣以狂瞽獨見之言，干冒宸扆，不勝惶懼待罪之至。

右晁以道奏審皇太子讀孟子

校勘記

〔一〕謂商之録未盡也　疑「録」當作「禄」。

〔二〕豈孔子之妄言哉　「孔子」，津逮本、學津本、錢本皆作「孟子」。依文意，當作「孔子」。

〔三〕内致其思　「思」，津逮本、錢本皆作「志」。

〔四〕齊慄　「齊慄」，學津本，葉本、曹本均作「齋慄」。按，尚書大禹謨作「齊慄」。

〔五〕有所愛　「愛」，津逮本、錢本、曹本皆作「受」。

〔六〕聖人者也　「聖人者」原作「聖者」，據津逮本、學津本補。

〔七〕亦不由軻而益尊　「亦」，學津本作「初」。

〔八〕既歸　「既」，津逮本、錢本作空一格。

〔九〕問日　原作「問曰」，依曹本改。津逮本「曰」作空一格。

邵氏聞見後録卷第十四

陳叔易言：「王荆公得東坡表忠觀碑本，顧坐客曰：『似何人之文？』自又曰：『似司馬遷。』自又曰：『似遷何等文？』自又曰：『三王世家也。』」予以爲不然。司馬遷死，其書亡景帝、武帝二紀、禮書、樂書、漢興以來將相年表、日者、龜策傳、三王世家。至元成間，褚先生者補作武帝紀、三王世家、龜策、日者傳，當時以其言鄙陋，失遷本意。荆公豈不知此，而以今三王世家爲遷之書邪？如議者多以司馬遷訾武帝，〔二〕故於本紀，但著絶海求神仙，大宛取馬，用兵祠祭等事，以爲謗者，〔三〕亦非也。

子由云：「子瞻讀書，有與人言者，有不與人言者。不與人言者，與轍言之，而謂轍知之。」世稱蘇氏之文出于檀弓，不誣矣。

柳子厚云：「以淮、濟之清有玷焉若秋毫，固不爲病，然而萬一離婁子眇然睨之，不若無者之快也。」予謂文章英發，前無古人者，益當兼佩斯言矣。

柳子厚云：「北之晉，西適豳，東極吴，南至楚、越之交，其間名山水而州者以百數，永最善。」以妙語起其可遊者，讀之令人翛然有出世外之意。然子厚别云：「永州於楚爲最南，狀與越相類。僕悶即出游，〔三〕游復多恐，涉野則有蝮虺大蜂，仰空視地，寸步勞倦，近水即畏射工沙虱，含怒竊發，中人形影，動成瘡痏。」子厚前所記黄溪、西山、鈷鉧潭、袁家渴果可樂乎？何言之不同也？

東坡江行唱和集序云：「昔之爲文者，非能爲之爲工，乃不能不爲之爲工也。山川之有雲，草木之有花實，充滿抑鬱而見于外，雖欲無有，其可得邪？故予爲文至多，未嘗敢有作文之意。」時東坡年方冠，尚未第，其有發於文章已如此。故黄門論曰：「公之於文，得之於天也。」

歐陽公謂曾子固云：「王介甫之文，更令開廓，勿造語，及模擬前人。」又云：「孟、韓文雖高，不必似之也。」謂梅聖俞云：「讀蘇軾之書，不覺汗出，快哉！老夫當避路，放他出一頭地也。」又曰：「軾所言樂，乃脩所得深者爾，不意後生達斯理也。」歐陽公初接二公之意已不同矣。

退之於文，不全用詩、書之言。如田弘正先廟碑曰：「昔者魯僖公能遵其祖伯禽之烈，周天子實命其史臣克作爲駉、駜、泮、閟之詩，使聲於其廟，以假魯靈。」其用詩之法如此。如曰前進士上宰相書，解釋「菁菁者莪」二百餘字，蓋少作也。柳子厚記其先友於父墓碑，意欲著其父雖不顯，所交游皆天下偉人善士，列其姓名官爵，因附見其所長者可矣。反從而譏病之不少貸，何也？是時，子厚貶永州，又喪母，自傷其葬而不得歸也。其窮阨可謂甚矣，而輕侮好譏議尚如此。則爲尚書郎時可知也。退之云「不自貴重」者，蓋其資如此云。

柳子厚書段太尉逸事：「解佩刀，選老躄者一人持馬，至郭晞門下，甲者出，太尉笑且入曰：吾戴吾頭來矣。」宋景文修新書曰「吾戴頭來矣」，去一「吾」字便不成語。吾戴頭來者，果何人之頭耶？曾子固之文，可以名家矣。然歐陽公謂：廣文曾生者，在禮部奏名之前已爲門下士矣。公示吳孝宗詩，有云：「我始見曾子，文章初亦然。崑崙傾黄河，渺漫盈百川。疏決以道之，漸斂收横瀾。東溟知所歸，識路到不難。」是子固於文，遇歐陽公方知所歸也。而子固祭歐陽公文自云「戇直不敏，早蒙振祓，言繇公誨，行繇公率」也。子開於歐陽公下世之後，作子固行述。乃云：「宋興八十餘年，海内無事，異材間出。歐陽文忠公赫然特起，爲學者宗師。公稍後出，遂與文忠公齊名。」〔四〕予以爲過矣。張籍哭韓退之詩云：「而後之學者，或號爲韓、張。」退之日，籍、湜輩者，學者曰韓門弟子，不曰韓、張也。蘇東坡曰：「文忠之薨，十有八年。士庶所歸，散而自賢。我是用懼，日登師門。」有以也夫！曾子開論其兄子固之文曰：「上下馳騁，逾出而愈新，讀者不必能知，知者不必能言。蓋天材獨至，若非人力所能，學僃精思，莫能到也。」又曰：「言近指遠，雖詩、書之作未能遠過也。」蘇子由論其兄子瞻之文曰：「遇事所爲，詩騷銘記，書檄論譔，率皆過人。」又曰：「幼而好書，〔五〕老而不倦，自言不及晉人，至唐褚、薛、顔、柳，髣髴近之。」子開之言類夸大，子由之言務謙下，後世當以東坡、南豐之文辨之。

文用助字，柳子厚論當否，不論重復。檀弓曰：「南宫縚之妻之姑之喪。」退之亦曰：「吾年未四十，而視茫茫，而髮蒼蒼，而牙齒動摇。」近時六一、文安、東坡三先生知之。愚溪惜楊誨之用莊子太多，反累正氣。東坡早得文章之法於莊子，故於詩文多用其語。

讀司馬子長之文，茫然若與其事相背戾。如言「人民樂業，自年六七十翁，亦未嘗至市井，游敖嬉戲如小兒狀」。何屬於律書也？伯夷傳首曰：「余登箕山，其上有許由冢云。」意果何在？下用「富貴如可求，雖執鞭之士，吾亦爲之。歲寒然後知松柏之後凋」等語。殊不類，其所以爲閎深高古者歟！視他人拘拘窘束，一步武不敢外其事者，膽智甚薄也，唯杜子美之於詩似之。

魯直以晁載之閔吾廬賦問東坡何如？東坡報云：「晁君騷辭，細看甚奇麗，信其家多異材邪！然有少意，欲魯直以漸箴之。凡人爲文，宜務使平和；至足之餘，溢爲奇怪，蓋出於不得已耳。晁君喜奇似太早。然不可直云爾，非爲之諱也，恐傷其邁往之氣，當爲朋友講磨之語可耳。」予謂此文章妙訣，學者不可不知，故表出之。

東坡中制科，王荆公問吕申公：「見蘇軾制策否？」申公稱之。荆公曰：「全類戰國文章，若安石爲考官，必黜之。」故荆公後修英宗實録，謂蘇明允有戰國縱横之學云。老蘇公云：「學者於文用引證，猶訟事之用引證也。既引一人得其事，則止矣。或一人未能盡，方可他引。」〔六〕

宋玉招魂以東南西北四方之外，〔七〕其惡俱不可以託，欲屈大夫近入修門耳。時大夫尚無恙也。韓退之羅池詞云：「北方之人兮，謂侯是非。千秋萬歲兮，侯無我違。」時柳儀曹已死，若曰國中於侯，或是或非，公言未出，不如遠即羅池之人，千萬年奉嘗不忘也。嗟夫，退之之悲儀曹，甚於宋玉之悲大夫也。

英宗實録：「蘇洵卒，其子軾辭所賜銀絹，求贈官，故贈洵光禄寺丞。」與歐陽公之誌「天子聞而哀之，特贈光禄寺丞」不同。或云實録，王荆公書也。又書洵機論衡策文甚美，〔八〕然大抵兵謀權利機變之言也。蓋明允時，荆公名已盛，明允獨不取，作辯姦以刺之，故荆公不樂云。

楚詞文章，屈原一人耳。宋玉親見之，尚不得其髣髴，況其下者，唯退之羅池詞可方駕以出。東坡謂「鮮于子駿之作，追古屈原」。友之過矣。如晁无咎所集續離騷，皆非是。

韓退之之文，自經中來；柳子厚之文，自史中來；歐陽公之文，和氣多，英氣少；蘇公之文，英氣多，和氣少。蘇叔黨爲葉少藴言：「東坡先生初欲作志林百篇，才就十三篇，〔九〕而先生病，惜哉！先生胸中尚有偉於武王非聖人之論者乎？」

予客長安，藍田水壞一墓，得退之自書薛助教誌石。校印本，殊不同。印本「挾一矢」，石本乃「指一矢」，爲妙語。又城中有發地得小狹青石，刻瘞破硯銘，長安又得退之李元賓墓銘，段季展書，校印本，無「友人博陵崔弘禮賣馬葬國東門之外七里」

之事。又印本銘云「已乎元賓，文高乎當世，行過乎古人，竟何爲哉」！石本乃「意何爲哉」。竟何爲哉，[一〇]益嘆石本之語妙。歐陽公以下，好韓氏學者，皆未之見也。

李漢於韓退之，不曰子壻，曰門人。云：「退之詩文，漢所類也。」如革華傳，類本無之。趙璘因話録云：「才命論稱張燕公，革華傳稱韓文公，老牛歌稱白侍郎，佛骨詩稱鄭司徒，皆後人所誣，其辭至鄙淺，則革華傳非退之作明甚。」予謂凡李漢所不録，今曰昌黎外集者，皆可疑。如柳子厚云：退之寓書曰，見送元生序，不斥浮圖。又劉夢得云：韓愈謂柳子厚曰「若知天之説乎？吾爲子言天之説」云云。又云，柳子厚死，退之以書來弔曰：「哀哉！若人之不淑，吾嘗評其文雄深雅健，似司馬子長，崔、蔡不足多也。」又退之自云：「愈與李賀書，勸賀舉進士。」今其説其書皆不傳，則漢之所失亦多矣。

司馬遷父名談，故史記無「談」字，改「趙談」爲「趙同」。范曄父名泰，改「郭泰」、「鄭泰」爲「太」字。杜甫父名閑，故詩中無「閑」字，其曰「鄰家閑不違」者，古本「問不違」；「曾閃朱旗北斗閑」者，古本「北斗殷」。李翺父名楚今，故所爲文，皆以「今」爲「茲」。獨韓退之因李賀作諱辯，持言徵之説，退之父名仲卿，於文不諱也。曹志爲植之子，其奏云「幹不植彊」，不諱其父名也。吕岱爲吴臣，其書云「功以權成」，不諱其君名也。

樊宗師之文怪矣，退之但取其不相襲而已，曰魁紀公三十卷，〔二〕曰樊子三十卷，曰春秋集傳十五卷，表、牋、狀、策、書、序、傳、紀、記、誌、説、論、讚、銘二百九十一篇，道路所遇，及器物門里雜銘二百二十，賦十，詩七百有十九。其評曰：「多乎哉，古未有也。」又曰：「然而必出於己，不襲蹈前人一言一句，又何其難也。」又曰：「紹述於斯術，可謂至於斯極者矣。」曰「未有」曰「難」曰「極」，特取其不相襲耳，不直以爲美也。故其銘曰：「惟古於詞必己出，降而不能乃剽賊。後皆指前公相襲，從漢迄今用一律。」蓋斥班固而下相襲者，退之於文，吝許可如此。

校勘記

〔一〕司馬遷訾武帝　「訾」，津逮本、學津本、葉本皆作「怨」。

〔二〕以爲謗者　「者」，學津本、葉本、曹本均作「書」。

〔三〕即出游　「即」，津逮本、學津本、葉本、曹本皆作「則」。

〔四〕文忠公　「公」字原無，據學津本、葉本補。

〔五〕好書　津逮本、學津本、葉本、曹本皆作「好學書」。

〔六〕老蘇公云……方可他引　學津本、葉本另爲一條。

〔七〕東南西北　原作「東西南北」，據學津本、津逮本改。

〔八〕洵機論衡策文甚美　「機論衡策」疑有誤。蘇洵嘉祐集只有幾策、衡論。

〔九〕十三篇　「三」，津逮本、學津本、葉本、曹本皆作「二」。

〔一〇〕竟何爲哉　津逮本、學津本無此四字。

〔一一〕魁紀公三十卷　「三十」原作「二十」，據津逮本、學津本、曹本改。按，韓愈南陽樊紹述墓誌銘作「三十卷」，作「三十」是。

邵氏聞見後録卷第十五

王勃滕王閣記「落霞孤鶩」之句，一時之人共稱之，歐陽公以爲類俳，可鄙也。然「天高地迥，覺宇宙之無窮；樂極悲來，識盈虚之有數」。亦記其意義甚遠。蓋勃文中子之孫，尚世其學，一時之人不識耳。

東坡報江季恭書云：「非國語，鄙意不然之，但未暇著論耳。柳子之學，大率以禮樂爲虚器，以天人爲不相知，云云。雖多，皆此類也。所謂小人之無忌憚者。至于時令、斷刑、正符，皆非是。」予謂學者不可不知也。

曹植七啓言「食味芳蓮之巢龜」，張協七命言「食味丹穴之雛雞」，極盛饌，而二物似不宜充庖也。

或問東坡：雲龍山人張天驥者，一無知村夫耳。公爲作放鶴亭記，以比古隱者，又遺以詩，有「脱身聲利中，道德自濯澡」，過矣。東坡笑曰：「裝鋪席耳。」東坡之門，稍上者不敢言，如琴聰、蜜殊之流，皆鋪席中物也。

東坡於古人，但寫陶淵明、杜子美、李太白、韓退之、柳子厚之詩。爲南華寫柳子厚六祖大鑒禪師碑，南華又欲寫劉夢得碑，則辭之。吕微仲丞相作法雲秀和尚碑，丞相意欲得東坡書石，不敢自言，委甥王讜言之。東坡先索其藁諦觀之，則曰：「軾當書。」蓋微仲之文自佳也。

曾子固初爲太平州司户。守張伯玉，前輩人也。歐陽公、王荆公諸名士共稱子固文章。伯玉殊不顧，間語子固：「吾方作六經閣，其爲之記。」子固凡謄藁六七，終不當伯玉之意，則爲子固曰：「吾自爲之。」其書於紙曰「六經閣者，諸子百家皆在焉」。不書尊經也云云。子固始大畏服，益自勵於學矣。

長安安信之子允爲予言：「舊藏韓退之家集第二十六、二十七，二卷〔二〕，繭紙正書，有退之親改定字。後爲張浮休取去。」

歐陽公謂蘇明允曰：「吾閲文士多矣，〔三〕獨喜尹師魯、石守道，然意猶有所未足，今見子之文，吾意足矣。」嗚呼！歐陽公之足，孔子之達，杜子美之無恨，韓退之之是也。

李倣季常，〔三〕蘇子容丞相外孫，爲予言：東坡歸自儋耳，舟次京口，子容初薨，東坡已病，遣叔黨來弔，自作飯僧文。所謂在熙寧初，陪公文德殿下，已爲三舍人之冠。及元祐際，綴公邇英閣前，又爲「五學士」之首，雖凌厲高躅，不敢言同，而出處大概，無甚相愧者。明日，季常與子容諸孫往謝之，東坡側卧泣下不能起。

李義山樊南四六集載：爲鄭州天水公言甘露事表云「宰臣王涯等，或久服顯榮，或超蒙委任，徒思改作，未可與權，敷奏之時，已彰虚僞，伏藏之際，又涉震驚」云云。當北司憤怒不平，至誣殺宰相，勢猶未已，文宗但爲涯等流涕而不敢辯。義山之表謂「徒思改作，未可與權」，獨明其無反狀，亦難矣。

司馬文正公薨，范蜀公取蘇翰林行狀作誌，系之以銘，翰林當書石，以非春秋微婉之義，爲公休諫議云：「軾不辭書，恐非三家之福。」就易名銘。蜀公之銘世不傳，予故表出之。曰：「天生斯民，乃作之君。君不獨治，爰畀之臣。有忠有邪，有正有傾。天意若曰，待時而生。皇皇我宋，神器之重。卜年萬億，海内一統。而熙寧初，姦小淫縱。以朋以比，以閉以壅。乃於黎民，誕爲愚弄。人不聊生，天下詾詾。險詖憸猾，唱和雷同。謂天不足畏，謂衆不足從，謂祖宗不足法，而敢爲誕謾不恭。赫赫神宗，洞察于中。乃竄乃斥，遠佞投凶。誅鉏蠹毒，方復任公。奄棄萬國，未克厥終。二聖繼承，謀謨輔佐。乃曰斯時，非公不可。召公洛京，虛心至誠。公至京師，朝訪夕諮。公既在位，中外咸喜。信在言前，拭目以觀。日親萬機，勤勞百爲。盡瘁憂國，夢寐以之。曾未期月，援溺振渴。事無巨細，悉究本末。利興害除，賞信罰必。曰賢不肖，若別白黑。耆哲俊乂，野迄無遺。元惡大憝，去之不疑。無有遠邇，風從響應。載考載稽，名實相稱。天胡不仁，喪吾良臣。天實不恕，喪吾良輔。嗚呼已乎，而不留乎！山嶽可拔也，公之意氣堅不可奪也。江漢可竭也，公之正論浚不可遏也。嗚呼公乎，時既得矣，道亦行矣，志亦伸矣，而壽止于斯。哀哉！」

歐陽公平生尊用韓退之，於其學無少異矣。退之作處州孔子廟碑，以謂「自天子至郡邑守長，通得祀而徧天下者，唯社稷與孔子焉。然而，社祭土，稷祭穀，勾龍、棄，乃其佐享，非其專主，又其位所，不屋而壇，豈如孔子用王者事，巍然當座，以門人爲配，自天子而下，北面拜跪薦祭，進退誠敬，禮如親弟子者。勾龍、棄以功，孔子以德，固自有次第哉！自古多有以功德得其位者，不得常祀，勾龍、棄、孔子皆不得位，而得常祀，事皆無如孔子之盛。所謂生民以來，未有如夫子，其賢過於堯、舜遠者，此其效歟」。永叔作穀城縣夫子廟記，廼云：「後之人徒見官爲立祠，而州縣莫不祭之，則以爲夫子之尊，由此爲盛。甚者乃謂生雖不得位，而没有所享，以爲夫子榮，謂有德之報，雖堯、舜莫若，何其謬論者歟？」是歐陽公以退之爲謬論矣。

眉山老蘇先生里居未爲世所知時，雷簡夫太簡爲雅州，獨知之，以書薦之韓忠獻、張文定、歐陽文忠三公，皆有味其言也。三公自太簡始知先生。後東坡、潁濱但言忠獻、文定、文忠，而不言太簡何也？予官雅州，得太簡薦先生書，嘗以問先生曾孫子符、仲虎，亦不能言也。簡夫，長安人，以遺才命官，其文亦奇，國史有傳。上韓忠獻書：「簡夫啟：昨年在長安，累獲奏記，及入蜀來，路遠頗如疎怠，恭惟恩照，恕其如此，不審均逸名都，寢食何似。簡夫向年，自與尹師魯别，不幸其至死不復相見，故居常恨，以謂天下後生無復可與議論當世事者，不意得郡荒陋，極在西南，而東距眉州尚數百里。一日，眉人蘇洵攜文數篇，不遠相訪。讀其洪範論，知有王佐才；史論得遷史筆；權書十篇，譏時之弊；審勢、審敵、審備三篇，皇皇有憂天下心。嗚呼！師魯不再生，孰與洵抗邪？簡夫自念道不著，位甚卑，言不爲時所信重，無以發洵之迹。遽告之曰：如子之文，異日當求知於韓公，然後决不埋没矣。重念簡夫，阻遠門藩，職有所守，不獲搢版約袂、疾指快讀洵文於几格間，以豁公之親聽也，〔四〕但邑邑而已。洵年踰四十，寡言笑，淳謹好禮，不妄交游；亦嘗舉茂才，不中第，今已無意。近張益州安道，薦爲成都學官，未報。會今春將二子入都，謀就秋試，幸其東去，簡夫因約其暇日，令自紬所業，求見節下，願加奬進，則斯人斯文，〔五〕不爲不遇也。」上張文定書：「簡夫啟：簡夫近見眉州蘇洵著述文字，其間如洪範論，真王佐才也。史論，真良史才也。豈惟西南之秀，乃天下之奇才爾。令人欲麋珠韲芝，〔六〕躬執匕箸，飫其腹中，恐他饋傷。且不稱其愛護如此，但怪其不以所業投於明公，問其然，後云：『洵已出張公門下矣。又辱張公薦，欲使代黄柬爲郡學官。洵思遂出張公之門，亦不辭矣。』簡夫喜其説。竊計明公引洵之意，不秖一學官，洵望明公之意，亦不秖一學官，第各有所待也。又聞明公之薦，累月不下，朝廷重以例撿，執政者靳之，不特達。雖明公重言之，亦恐一上未報，豈可使若人年將五十，遲遲於塗路間邪？昔蕭昕薦張鎬云：用之則爲帝王師，不用則幽谷一叟耳。願明公薦洵之狀，至於再，至於三，俟得其請而後已，庶爲洵進用之權也。」〔七〕上歐陽内翰書：「簡夫啓：簡夫頃年待詔公車府，因故人蘇子美始拜符采，不間不遺，許接議論。未兩三歲，而執事被聖上不次之知，遂得以筆舌進退天下士大夫。士大夫不知刑之可懼，賞之可樂，生之可即，死之可避，而知執事之筆舌可畏。簡夫不於此時，畢其平生之力，以謹自附於下風，而方從事戎馬間，或告疾於舊隱，故足迹不至於門藩，書問不通於左右者，且十餘年矣。豈偶然哉？蓋有故耳。執事之官，日隆於一日，昔之所以議進退天下士大夫者，今又重之以權位，故其一言之出，則九鼎不足爲重。簡夫見棄於時，使與俗吏齒，碌碌外官，多謗少譽，方世之視其言，不若鴻毛之輕，故姓名不見記於執事矣。夫人重之不爲，簡夫肯爲輕哉！〔八〕方俟退於隴畝之中，絶於公卿之間，而後敢以尺書問閽吏，道故舊之情。今未能畢其志，而事已有以奪之矣。伏見眉州人蘇洵，年踰四十，寡言笑，淳謹好禮，不妄交游，嘗著六經、洪範等論十篇，爲後世計。張益州一見其文，嘆曰：『司馬遷死矣，非子吾誰與？』簡夫亦謂之曰：『生，王佐才也。』嗚呼！起洵於貧賤之中，簡夫不能也，然責之亦不在簡夫也。若知洵不以告於人，則簡夫爲有罪矣。用是不敢固其初心，敢以洵聞左右。恭惟執事職在翰林，以文章忠義爲天下師，洵之窮達，宜在執事。嚮者洵與執事不相聞，則天下不以是責執事，今也讀簡夫之書，既達於前，而洵又將東見執事於京師，今而後，天下將以洵累執事矣。」

陳希亮字公弼，天資剛正人也。嘉祐中，知鳳翔府。東坡初擢制科，簽書判官事，吏呼蘇賢良。公弼怒曰：「府判官何賢良也？」杖其吏不顧，或謁入不得見。故東坡客次假寐詩：「雖無性命憂，且復忍斯須。」又九日獨不預府宴登真興寺閣詩「憶弟恨如雲不散，望鄉心似雨難開」。其不堪如此。又東坡詩案云：任鳳翔府簽判日，爲中元節不過知府廳，罰銅八斤，亦公弼案也。東坡作府齋醮禱祈諸小文，公弼必塗墨改定，數往反。至爲公弼作凌虛臺記曰：「東則秦穆公祈年橐泉，南則漢武長楊五柞，北則隋之仁壽、唐之九成，計一時之盛，宏傑詭麗，堅固而不可動者，豈特百倍於臺而已哉！然數世之後，欲求其髣髴，破瓦頽垣，無復存者，既已化爲禾黍枳棘、〔九〕丘墟隴畝矣，而況於此臺歟？夫臺不足恃以長久，而況於人事之得喪，忽往而忽來者歟。或者欲以夸世而自足，則過矣。」公弼覽之，笑曰：「吾視蘇明允猶子也，〔一〇〕某猶孫子也。平日故不以辭色假之者，以其年少暴得大名，懼夫滿而不勝也，乃不吾樂邪？」不易一字，亟命刻之石。後公弼受他州饋酒，從贓坐，沮辱抑鬱抵於死。或云，歐陽公憾於公弼有曲折東坡，不但望公弼相遇之薄也。公弼子慥季常，居黄州之岐亭，慕朱家、郭解爲人，閭里之俠皆歸之。元豐初，東坡謫黄州者，執政疑公弼廢死自東坡，委於季常甘心焉。然東坡、季常相得驩甚，故東坡特爲公弼作傳，至比之汲黯，曰：「軾官鳳翔，實從公二年。方是時，年少氣盛，愚不更事，屢與公争議，至形於言色，已而悔之。」崔德符戲語予曰：「果如元豐執政之疑，東坡之悔，豈釋氏懺悔之悔乎？」晏公不喜歐陽公，故歐陽公自分鎮敍謝，有曰：「出門館不爲不舊，受恩知不爲不深，然足迹不及於賓階，書問不通於執事。豈非飄流之質，愈遠而彌疎；孤拙之心，易危而多畏！動常得咎，舉輒累人。故於退藏，非止自便；偶因天幸，得請郡符。問遺老之所思，流風未遠，瞻大邦之爲殿，接壤相交。」晏公得之，對賓客占十數語，授書史作報。客曰：「歐陽公有文聲，似太草草。」晏公曰：「答一知舉時門生，已過矣。」

校勘記

〔一〕二十六二十七二卷　原無「二卷」之「二」字，據學津本、津逮本補。

〔二〕吾閲文士多矣　「文士」，學津本作「文字」。

〔三〕李𠊱　「𠊱」，津逮本、學津本均作「仲」，錢本作「伸」。按，本書卷二〇載有李𠊱言蘇軾事，作「李𠊱」是。

〔四〕親聽　「親」，曹本作「視」。

〔五〕斯人斯文　曹本作「斯文斯人」。

〔六〕令人欲麇珠甕芝　「欲」，曹本作「歎」。

〔七〕庶爲洵進用之權也　「權」，曹本作「擢」。

〔八〕簡夫肯爲輕哉　原無「夫」字，據學津本補。

〔九〕禾黍枳棘　「枳」，津逮本、學津本、曹本皆作「荆」。

〔一〇〕吾視蘇明允猶子也　「視」，津逮本作「親」。

邵氏聞見後録卷第十六

歐陽公乞致仕表云：「俾其解組官庭，還車故里。披裘散髮，逍遥垂盡之年；鑿井耕田，歌詠太平之樂。」客有面嘆其工緻平淡者。公曰：「也不如老蘇秀才，『有田一廛，足以爲養。行年五十，復將何求』？」蓋蘇明允謝官牋中語，公愛之尚不忘耳。

予見司馬文正手寫歐陽公青州不俵秋料青苗錢放罪謝表「戒小人之遂非，希君子之改過」二語。文正喜其工邪，抑以「遂非」、「改過」爲不然也。如文正力詆青苗等事，免樞近出帥長安謝表則云：「雖復失位危身，終不病民害國也。」

本朝四六，以劉筠、楊大年爲體，必謹四字六字律令，故曰四六。然其敝類俳語可鄙。歐陽公深嫉之曰：「今世人所謂四六者，非脩所好。少爲進士時不免作，自及第遂棄不作，在西京佐三相幕府，於職當作，亦不爲作也。」如公之四六云：「造謗於下者，初若含沙之射影，但期陰以中人；宣言於廷者，遂肆鳴梟之惡音，孰不聞而掩耳。」俳語爲之一變。至蘇東坡於四六，如曰：「禹治兖州之野，十有三載乃同；漢築宣防之宫，三十餘年而定。方其決也，本吏失其防，而非天意；及其復也，蓋天助有德，而非人功。」其力挽天河以滌之，偶儷甚惡之氣一除，而四六之法則亡矣。

梅聖俞著碧雲霞應昭陵時，名下大臣惟杜祁公、富鄭公、韓魏公、歐陽公無貶外，悉譏詆之，無少避。其序曰：「碧雲霞，廐馬也。莊憲太后臨朝，以賜荆王，王惡其旋毛。太后知之，曰：『旋毛能害人邪？吾不信。』留以備上閑，爲御馬第一，以其吻肉色碧如霞片，故號云。世以旋毛爲醜，此以旋毛爲貴，雖貴矣，病可去乎？噫。」范文正公者，亦在詆中。以文正微時，常結中書吏人范仲尹，因以破家。文正既貴，略不收邮。王銍性之不服，以爲魏泰僞託聖俞著此書，性之跋范仲尹墓誌云：「近時襄陽魏泰者，塲屋不得志，喜僞作它人著書，如志怪集、括異志、倦遊録，盡假名武人張師正，又不能自抑，出其姓名，作東軒筆録，皆用私喜怒誣衊前人，最後作碧雲霞，假名梅聖俞，毁及范文正公，而天下駭然不服矣。且文正公與歐陽公、梅公立朝同心，詎有異論，特聖俞子孫不耀，故挾之借重以欺世。今録楊闢所作范仲尹墓誌，庶幾知泰亂是非之實至此也。則其他泰所厚誣者，皆迎刃而解，可盡信哉！僕猶及識泰，知其從來最詳，張而明之，使百世之下，文正公不蒙其謬焉。潁人王銍性之題。」予以爲不然，亦書其下云：美哉，性之意也。使范公不蒙其謬，聖俞亦不失爲君子矣。然聖俞蚤接諸公，名聲相上下，獨窮老不振，中不能無躁，其聞范公訃詩：「一出屢更郡，人皆望酒壺。俗情難可學，奏記向來無。貧賤常甘分，崇高不解諛。雖然門館隔，泣與衆人俱。」夫爲郡而以酒悅人，樂奏記，納諛佞，豈所以論范公者，聖俞之意，真有所不足邪！如著文公燈籠錦事，則又與書竄詩合矣。故予疑此書實出於聖俞也。

有童子問予東坡梅花詩：「玉奴終不負東昏。」按南史，齊東昏侯妃潘玉兒，有國色。牛僧孺周秦行記：「薄太后曰：牛秀才遠來，誰爲伴？潘妃辭曰：東昏侯以玉兒身亡國除，不擬負他。」注云：「玉兒，妃小字。」東坡正用此事，以「玉兒」爲「玉奴」，誤也。又過岐亭陳季常詩：「不見盧懷慎，烝壺似烝鴨。」按盧氏雜記：鄭餘慶約客食，戒中廚爛烝，去毛勿拗項折。客爲烝鵝鴨。既就食，各置烝壺蘆一枚於前。則烝壺似烝鴨者鄭餘慶，非盧懷慎，亦誤也。又送子由出疆詩「憶昔庚寅降屈原，旋看蠟鳳戲僧虔」。按南史，王曇首内集，聽子孫爲戲，僧達跳地作虎子。僧虔累十二博碁，不墜落。僧綽采蠟燭作鳳皇。則以蠟鳳戲者僧綽，非僧虔，亦誤也。又和徐積詩「殺雞未肯邀季路，裹飯應須問子來」。按莊子，子輿與子桑友，而霖雨十日。子輿曰：「子桑殆疾矣！」裹飯往食之。則裹飯者子輿，非子來，亦誤也。又謝黄師是送酒詩「偶逢元放覓柱杖，不覺麴生來坐隅」。檢左慈元放傳，無柱杖酒事。按抱朴子列仙傳，孔元方每飲酒，以柱杖卓地倚之，倒其身，頭在下，足在上。則柱杖酒事乃孔元方，非左元放，亦誤也。又和李邦直詩「恨無楊子一區宅，懶卧元龍百尺樓」。按陳登字元龍，許汜與劉備在劉表坐，表與備共論天下人。汜曰：「陳元龍湖海之士，豪氣不除。」備問汜寧有事邪？汜曰：「昔過下邳見元龍，元龍無客主之意，久不相與語，自上大牀卧，使客卧下牀。」備曰：「君有國士之名，今天下大亂，無救世之意，而求田問舍，言無可采，是元龍所諱也，何當與君語？如小人欲卧百尺樓上，卧君於地，何止上下牀之間邪？」表大笑。則百尺樓者劉備，非元龍，亦誤也。又豆粥詩「溼薪破竈自燎衣，飢寒頓解劉文叔」。按漢史，王郎起，光武自薊東南馳，至南宫縣，遇大風雨，引車入道旁空舍，馮異抱薪，鄧禹爇火，光武對竈燎衣。馮異進麥飯，非豆粥，若蕪蔞亭豆粥，則無溼薪破竈燎衣等事，亦誤也。又和劉景文聽琵琶詩「猶勝江左狂靈運，共鬬東昏百草鬚」。按唐劉夢得嘉話，晉謝靈運美鬚，臨刑施爲南海祇洹寺維摩塑像鬚。寺之人寶惜，初無虧損。至中宗朝，安樂公主五日鬬百草，欲廣物色，令馳驛取之，又恐爲他所得，盡棄其餘。則以靈運鬚鬭百草者，唐安樂公主，非齊東昏侯，亦誤也。又會獵詩「不向如皋閑射雉，歸來何以得卿卿」。按左傳昭公二十八年，賈大夫娶妻美，御以如皋，射雉，獲之。杜氏注：「爲妻御之皋澤。」則如當訓之，非地名，亦誤也。又海市詩「潮陽太守南遷歸，喜見石廩堆祝融」。按韓退之謁衡嶽詩「紫蓋連延接天柱，石廩騰擲堆祝融」。又云「竄逐蠻夷幸不死」，故以爲退之遷潮陽歸日作。是未詳退之先謫陽山令，徙掾江陵日，委舟湘流，往觀衡嶽之語。乃云「潮陽太守南遷歸」，亦誤也。周詩「大姒嗣徽音」者，大姒嗣大任耳，大任於大姒，君姑也，有嗣之義。司馬文正行狀「二聖嗣位」。哲宗於神廟爲子，曰「嗣位」則可；宣仁后於神廟爲母，曰「嗣位」則不可。亦誤也。又二疏贊「孝宣中興，以法馭人。殺蓋韓楊，蓋三良臣。先生憐之，振袂脱屣。使知區區，不足驕士」。三良臣，謂蓋寬饒、韓延壽、楊惲也。意以孝宣殺此三人，故二疏去之耳。按漢史，孝宣地節三年，疏廣爲皇太子太傅，兄子受爲少傅，至元康四年，俱謝病去。後二年，當神爵二年九月，司隸校尉蓋寬饒下有司自殺。又三年，當五鳳元年十二月，左馮翊韓延壽棄市。又一年，當五鳳二年十二月，平通侯楊惲要斬，皆在二疏去之後。以二疏因殺三人而去者，亦誤也。佛書「日月高懸，盲者不見」。日喻「眇者不識日」，眇能視，非盲也，豈不識日，亦誤也。又序「謝自然欲過海求師，或謂蓬萊隔弱水三萬里，不可到。天台有司馬子微，身居赤城，名在絳闕，可往從之，自然可還授道於子微，白日仙去」。按子微以開元十五年死於王屋山，自然生於大曆五年，至貞元十年仙去，是子微死四十三年自然始生。乃云「自然授道於子微」，亦誤也。東坡信天下後世者，寧有誤邪？予應之曰：「東坡累誤千百，〔二〕尚信天下後世也。」童子更曰「有是言，凡學者之誤亦許矣。」予曰：「爾非東坡奈何？」

程文簡公父元白，官止縣令，以文簡貴，贈太師，類無可書。歐陽公追作神道碑，至九百餘言，世以爲難。韓忠獻公曾祖惟古無官，以忠獻貴，贈太保，益無可書。李邦直追作神道碑，至三百餘言，其文無一賸語，世尤以爲難也。

吕獻可以追尊濮園事擊歐陽公，如曰「具官某，首開邪議，妄引經證，以枉道悦人主，以近利負先帝」者，凡十四章。具載獻可奏議中。司馬文正作序，乃首載歐陽公諫臣論以爲誠言。文正之意，以獻可能盡歐陽公所書諫臣之事，使歐陽公無得以怨歟；抑以歐陽公但能言之，獻可實能行之也？不然，獻可排歐陽公爲邪，反以歐陽公之論，序獻可之奏，又以爲誠言可乎？歐陽公晚著濮議一書，專與獻可諸公辯，獨歸過獻可，爲甚矣。

孔子自謂不及顏回，曹孟德祭橋玄文云爾。東坡醉白堂記亦云。

宋元王二年，江使神龜使於河，至於泉陽，漁者豫苴舉網得之。〔二〕龜來見夢於宋元王，夢見一丈夫，延頸而長頭，衣玄繡之衣而乘輜車云云。出史記龜策列傳。韓退之孟東野失子詩云：「東野夜得夢，有夫玄衣巾。」實用此事。

東坡既遷黄崗，京師盛傳白日仙去。神廟聞之，對左丞蒲宗孟嘆惜久之。故東坡謝表有云「疾病連年，人皆相傳爲已死；飢寒併日，臣亦自厭其餘生」也。

曾南豐讀歐陽公晝錦堂記「來治於相」，真州東園記「泛以晝舫之舟」二語，皆以爲病。

校勘記

〔一〕東坡累誤千百　「誤」，津逮本、學津本、錢本皆作「語」。

〔二〕漁者豫苴　「豫苴」，學津本作「豫且」。按，史記卷一二八龜策列傳作「豫且」。

邵氏聞見後録卷第十七

嘉祐六年三月，仁皇帝幸後苑，召宰執、侍從、臺諫、館閣以下賞花釣魚，中觴，上賦詩：「晴旭暉暉花盡開，氤氳花氣好風來。游絲罥絮縈行仗，墮蘂飄香入酒杯。魚躍紋波時潑剌，鶯流深樹久徘徊。青春朝野方無事，故許歡遊近侍陪。」宰相韓琦、樞密曾公亮、參政張昇、孫抃、副樞歐陽脩、陳旭以下皆和，帝獨稱賞韓琦「輕陰閣雨迎天步，寒色留春送壽杯」之句。時翰林學士承旨宋祁久疾在告，明日和詩來上，帝覽之已悵然。不數日祁薨，益加震悼云。

真宗嘗問楊大年：「見比紅兒詩否？」大年失對。每語子孫爲恨，後諸孫有得於相國寺庭雜賣故書中者。蓋唐末羅虬、羅鄴、羅隱兄弟俱有文，時號「三羅」。虬登科，從事坊州，有營妓小字紅兒，先爲郡將所嬖，人不敢近，虬亦悦之，郡將不能容，虬棄官去，然於紅兒猶不忘也。擬諸美物，作比紅兒詩百首，事出摭言，亦略見太平廣記中，大年不知，何也。

嘉祐中，侍從官列薦國子博士梅堯臣宜在館閣，仁皇帝曰：「能賦『一見天顔萬人喜，卻回宫路樂聲長』者也。」蓋帝幸景靈宫，堯臣有詩，或傳入禁中，帝愛此二語。召試賜等，竟不登館閣以死。

兗州之東有漏澤，每夏中頻雨，則積水瀰望；至秋分後，聲起水中如雷，一夕盡涸，初不可測，奇石林立，或尋其下得穴，水自此入。李衛公平泉有石，刻字曰漏澤，作亭其前，曰魯石。有詩云「魯客持相贈，瓊瓌乃不如」者，兗之漏澤石也。

國史補載：「韓退之好奇，與客登華山絶峰，度不可返，發狂慟哭，賴華陰令百計取得之。」或云無是事。予讀退之答張徹詩云：「洛邑得休告，華山窮絶陘。倚巖睨海浪，引袖拂天星。〔二〕日駕此回轄，金神所司刑。泉紳拖脩白，石劍攢高青。磴蘇澾拳跼，〔三〕梯飈颭伶俜。悔狂已咋指，垂誡仍鐫銘。〔四〕」可信國史補不妄。

韓退之使鎮州，題壽陽驛云：「風光欲動别長安，春半邊城特地寒。不見園花并巷柳，馬頭唯有月團團。」鎮州歸再賦云：「别來楊柳街頭樹，擺撼春風秖欲飛。還喜小園桃李在，留花不發待郎歸。」孫子陽爲予言：「近時壽陽驛發地，得二詩石。唐人跋云『退之有倩桃、風柳二妓，歸途聞風柳已去，故云』。後張籍祭退之詩云『乃出二侍女，合彈琵琶箏』者，非此二人邪。」

錢昭度有食梨詩云：「西南片月充腸冷，二八飛泉繞齒寒。」予讀樂府解題，井謎云：「二八三八，飛泉仰流。」蓋二八三八爲五八，五八四十也。四十爲井字。

黄魯直詩云：「山椒欲雨好雲氣，湖面迎風生水紋。」汪彦章用其體云：「野田無雨出龜兆，湖水得風生縠紋。」昔宋景文問晏元獻：「劉夢得『瀼西春水縠紋生』，生字當作何義？」元獻云：「作生於縠紋意，不合當作生熟之生。」景文歎服，以爲妙語。今彦章以生對出，則作生長之生矣。豈不聞元獻之説邪？

王元之，濟州人，年七八歲已能文，畢文簡公爲郡從事，始知之。問其家以磨麵爲生，因令作磨詩。元之不思以對：「但存心裏正，無愁眼下遲。若人輕着力，便是轉身時。」文簡大奇之，留於子弟中講學。一日，太守席上出詩句「鸚䳇能言爭似鳳」，坐客皆未有對。文簡寫之屏間，元之書其下：「蜘蛛雖巧不如蠶。」文簡歎息曰：「經綸之才也。」遂加以衣冠，呼爲小友，至文簡入相，元之已掌書命矣。

唐人知貢舉者，有詩云：「梧桐葉落井亭陰，鏁閉朱門試院深。嘗是昔年辛苦地，不將今日負初心。」後爲下第者裁作五言以誚之。原注：出嵐齋記。

予嘗見南唐李侯撮襟，書宫人慶奴扇云：「風情漸老見春羞，到處銷魂感舊遊。多謝長條似相識，強垂煙態拂人頭。」

唐荆州每解送舉人，多不成名，號曰「天荒」。至劉蜕舍人，以荆州解及第，號「破天荒」。東坡嘗以詩一句，遺瓊州進士姜唐佐。〔三〕「滄海何曾斷地脈，白袍端合破天荒」，用此事也。題其後云：「待子及第，當續後句。」後唐佐自廣州隨計過許昌，見潁濱時，東坡已下世，相持出涕，潁濱爲足成其詩云：「生長茅間有異方，風流稷下古諸姜。適從瓊管魚龍窟，秀出羊城翰墨場。滄海何曾斷地脈，白袍端合破天荒。錦衣他日千人看，始信東坡眼目長。」

李士寧，蓬州人，有異術，王荆公所謂「李生坦蕩蕩，所見實奇哉」者。熙寧中，宗室世居，獄連士寧，吕惠卿初叛荆公，欲深文之，以侵荆公。神宗覺之，亟復相荆公。荆公平生好辭官，至是不復辭，〔四〕自金陵連日夜以來，惠卿罷去，士寧止從編置。初，士寧贈荆公詩，多全用古人句，荆公問之，則曰：「意到即可用，不必皆自己出。」又問：「古有此律否？」士寧笑曰：「孝經，孔子作也。每章必引古詩，孔子豈不能自作詩者，亦所謂意到即可用，不必皆自己出也。」荆公大然之。至辭位還觀音院，題薛能、陸龜蒙二詩於壁云：「江上悠悠不見人，十年一覺夢中身。慇懃爲解丁香結，放出枝頭自在春。蠟屐尋苔認舊蹤，隔溪遥見夕陽春。當年諸葛成何事？只合終身作卧龍。」用土寧體也。後又多集古句，如胡笳曲之類不一，夫子曳杖之歌有「泰山其頹，哲人其萎」之語。唐天寶中，長安雨木冰，寧王薨，謡曰：「冬凌樹稼達官怕。」熙寧中，京師雨木冰，又華山崩阜頭谷，數千百丈，壓七村之人。時王荆公爲相，變亂典常，徵斂財利，識者危之。適韓魏公薨，荆公作挽詩云：「木稼曾聞達官怕，山頹果見哲人萎。」遂以魏公當之。潘邠老云：「花妥鶯梢蝶，溪喧獺趂魚。」妥音墮，乃韻。邠老不知秦音，以落爲妥上聲，如曰雨妥花妥之類，少陵，秦人也。

唐詩家有假對律，曰「牀頭兩甕地黄酒，架上一封天子書」。又「三人鐺脚坐，一夜掉頭吟」。又「鬢欲霑青女，官猶佐子男」等句是也。或鄙其不韻，如杜子美「枸杞因吾有，雞棲奈汝何」？又「飲子頻通汗，懷君想報珠」。杜牧之「當時物議朱雲小，後代聲名白日懸」。亦用此律也。

「經來白馬寺，僧到赤烏年。」唐僧靈澈語，東坡海會殿上梁文全取之。陶淵明讀山海經詩云「形夭無千歲」，蓋校本之誤，迺「形夭舞干戚」耳。按山海經，海中有獸名形天，每出水，必銜干戚而舞云。

王荆公步月中山，蔣頴叔爲發運使，過之，傳呼甚寵，荆公意不悦。頴叔喜談禪，荆公有詩云：「怪見傳呼殺風景，不知禪客夜相投。」按李義山雜纂殺風景門「月下傳呼」用此事。

唐史：中和四年六月，時溥以黄巢首上行在者，[五]僞也。東西二都舊老相傳，黄巢實不死，其爲尚讓所急，陷太山狼虎谷，乃自髡爲僧，得脱，往投河南尹張全義，故巢黨也。各不敢識，但作南禪寺以舍之。予數至南禪，壁間畫僧，巢也。其狀不逾中人，唯正蛇眼爲異耳。老人言：更有故寫真絹本尤奇，巢題詩其上云：「猶憶當年草上飛，鐵衣脱盡掛僧衣。天津橋上無人識，獨凭闌干看落暉。」爲李易初取也。

慶曆中，翰林侍讀學士李淑守鄭州，題周少主陵云：「弄耜牽車晚鼓催，不知門外倒戈回。荒墳斷隴才三尺，剛道房陵半仗來。」時上命淑作陳文惠公堯佐墓銘，淑書「堯佐好爲小詩，間有奇句」，及有「尫懮弗咸」等語。陳氏子弟請易去，淑以文先奏御，不可易。陳氏子弟恨之，刻淑周陵詩於石，指「倒戈」爲謗。上亦以藝祖應天順人，非逼伐而取之，落淑學士。淑上章辨尚書之義，蓋紂之前徒，自倒戈攻紂，非武王倒戈也。上知淑深於經術，待之如初。宋内翰祁曰：「白公云『户大嫌甜酒，才高笑小詩』。其獻臣之謂乎？」獻臣，淑字也。爲文尤古奥，有樊宗師體。

王羲之傳：「山陰道士好養鵝，羲之往觀，意甚悦，欲得之。道士云：『爲寫道德經，當舉羣相贈。』羲之欣然寫畢，籠鵝以去。」李太白送賀監詩乃云：「鑑湖流水春始波，狂子歸舟逸興多。山陰道士如相見，應寫黄庭换白鵝。」世人有以右軍寫黄庭經换鵝者，又承太白之誤耳。

李太白俠客行云：「事了拂衣去，深藏身與名。」元微之俠客行云：「俠客不怕死，怕死事不成，事成不肯藏姓名。」或云，二詩同詠俠客，而意不同如此。予謂不然。太白詠俠不肯受報，如朱家終身不見季布是也；微之詠俠欲有聞於後世，如聶政姊之死，恐終滅吾賢弟之名是也。

少陵「陶冶性情存底物」，本顔之推：「至於陶冶性情，從容諷諫，入其滋味，亦樂事也。」又少陵：「悲君隨燕雀，薄宧走風塵。」本陳勝與人傭耕之語也。又少陵：「上君白玉堂，侍君金華省。」本班固自敍：「時上方鄉學，鄭寬中、張禹，朝夕入説尚書、論語金華殿中也。」又少陵：「露井凍銀牀。」本晉書樂誌淮南篇「後園鑿井銀作牀，金缾素綆汲寒漿」也。又少陵「春水船如天上坐」，本沈雲卿：「船如天上坐，人在鏡中行。」〔六〕「船如天上去，魚似鏡中懸」也。或以此論少陵之妙。予謂少陵所以獨立千載之上者，不但有所本也，三百篇之作，果何本哉？

校勘記

〔一〕引袖拂天星　「袖」，按，韓昌黎集答張徹作「洛」。

〔二〕磴蘇　「蘇」，曹本作「蘚」。按，韓昌黎集答張徹作「蘚」。

〔三〕姜唐佐　曹本作「唐姜佐」。按，姜唐佐字公弼，瓊山人，從蘇軾學，蘇軾重其才。下言唐佐過許昌事，作「姜唐佐」是。

〔四〕至是不復辭　原無「至是」，據曹本補。

〔五〕時溥以黄巢首上行在者　按，「時溥」原作「時普」，唐中和四年，時溥將黄巢首級呈獻唐僖宗，事見新唐書卷一八八、舊唐書卷一八二時溥傳。此據改。

〔六〕人在鏡中行　「行」，津逮本、學津本、曹本皆作「似」。

邵氏聞見後録卷第十八

歐陽公每哦太白「三山半落青天外，二水中分白鷺洲」之句，曰：「杜子美不道也。」予謂約以子美律詩，「青天外」其可以「白鷺洲」爲偶也？

退之石鼓詩，體子美八分歌也。

「羲農去我久，舉世少復真！汲汲魯中叟，彌縫使其淳。鳳鳥雖不至，禮樂暫時新。洙泗輟微響，漂流逮狂秦。詩書復何罪，一朝成灰塵。區區諸老翁，爲事誠慇懃。如何絶世下，六籍無一親。終日馳車去，不見所問津。若復不快飲，空負頭上巾。但恨多謬誤，君當恕醉人。」予昔與蘇仲虎會清溪真覺僧房客，有出東坡書淵明此詩者。仲虎曰：「大父平生愛寫此詩，於士友間數見之。」予曰：「伏羲、神農出上古，所謂莫之爲而任其自然，下此始有傳，然事多僞而不實。孔子特彌縫之，使天下後世曰聖人而不敢議，功德被於堯舜以降，其賢豈不遠哉？如汲郡魏襄王冢中所得竹簡文字，淵明固不廢也。東坡論武王非聖人，不知言者已駭然不服，其可與論淵明此意也。」

仲虎不覺起立曰：「可畏哉淵明！故反曰吾醉中謬言當恕也。」

劉中原父望歐陽公稍後出，同爲昭陵侍臣，其學問文章，勢不相下，然相樂也。歐陽公喜韓退之文，皆成誦，中原父戲以爲「韓文究」。每戲曰：永叔於韓文，有公取，有竊取，竊取者無數，公取者粗可數。永叔贈僧云：「韓子亦嘗謂，收斂加冠巾。」乃退之送僧澄觀「我欲收斂加冠巾」也。永叔聚星堂燕集云：「退之嘗有云，青蒿倚長松。」乃退之醉留孟東野「自慙青蒿倚長松」也，非公取乎？歐陽公以退之「讀墨子不相用，不足爲孔墨」爲叛道。中原父笑曰：「永叔無傷事主也。」

杜子美飲中八仙歌，其句云：「左相日興廢萬錢，飲如長鯨吸百川，銜杯樂聖稱世賢。」世賢二字，殆不可曉。或云世字當作避字，寫本誤也。蓋左相者，李適之也，有直聲。右相李林甫姦邪，適之議論數不同，自免去。有詩云：「避賢初罷相，樂聖且銜杯。試問門前客，今朝幾箇來。」子美「銜杯樂聖稱避賢」者，正用適之詩語也。

韓退之與孟東野鬭雞聯句有云：「神槌困朱亥。」古本云：「袖槌」，用史記朱亥袖四十斤鐵槌殺晉鄙事也。

韓熙載畜妓樂數百人，俸入爲妓争奪以盡，至貧乏無以給。夕則敝衣屨，作瞽者，負獨絃琴，隨房歌鼓以丐飲食。東坡謝元長老衲裙詩云：「欲教乞食歌姬院，故與雲山舊衲衣。」用其事也。然予獨未達東坡之意。

古樂府：「藁砧今何在？山上復有山。何當大刀頭？破鏡飛上天。」藁砧，鈇也，問夫何在。重山，出字，夫出也。何當大刀頭，刀頭有環，何時還也。破鏡飛上天，月半還也。如李義山「空看小垂手，忍問大刀頭」；宋子京「曾損歸書憑鯉尾，莫令殘月誤刀頭」。俱用此事云。

杜子美贈韋左丞詩：「竊効貢公喜，難甘原憲貧。」「原憲貧」所自不一，「貢公喜」注引「王陽入仕，貢禹彈冠」，事雖是，而無「貢公喜」三字。予讀劉孝標廣絶交論云：「王陽登則貢公喜。」此其自也。

杜子美「青青竹笋迎船出，日日江魚入饌來」。後得古本，「日日」作「白白」，不但於句甚偶，其思致亦不同。

張籍老將詩云：「衛青不敗由天幸，李廣無功爲數奇。」古人傳誦以爲佳句。（二）按漢書，「天幸」二字乃霍去病，非衛青也。漢書音義「數音朔」，則亦不可對「天」矣。

杜子美贈高適詩云：「脱身簿尉中，始與捶楚辭。」退之贈張功曹詩云：「判司卑官不堪説，〔三〕未免捶楚塵埃間。」杜牧之寄姪阿宜詩云：「一語不中治，鞭捶身滿瘡。」蓋唐參軍簿尉，有罪加撻罰，如今之胥吏也。高子勉親見山谷云爾。予初疑其不然，因讀唐史，代宗命劉晏考所部官善惡，刺史有罪者，五品以上劾治，六品以下杖訖奏，參軍簿尉不足道也。

杜審言字必簡，子美大父也。景龍初，爲國子監主簿，和韋承慶山莊詩五首：「逕轉危峰碧，橋斜缺岸妨。玉泉移酒味，石髓換粳香。綰霧青條弱，牽風紫蔓長。猶言行樂少，别向後池塘。」「攢石當軒倚，懸泉度牖飛。鹿麛銜妓席，鶴子曳童衣。園果嘗難遍，池蓮摘未稀。卷簾先待月，應在醉中歸。」「攜琴遶碧沙，摇筆弄青霞。杜若幽林草，芙蓉曲沼花。宴遊成野客，形勝得山家。往往留僊步，登攀日易斜。」「野興城中發，朝英物外求。情懸朱紱望，契動赤城遊。海燕巢書閣，山雞舞畫樓。雨餘清更晚，共坐北巖幽。」「賞翫奇他日，高深處此時。地爲八水背，峰作九山疑。池静魚偏逸，人閑鳥欲欺。青溪留别興，更與白雲期。」味其句法，知子美之詩有自云。

舒州峰頂寺有李太白題詩：「夜宿峰頂寺，舉手捫星辰。不敢高聲語，恐驚天上人。」曾子山始見之，不出於集中，亦恐少作耳。

國史先大父康節傳云：「與常秩同召，某卒不起，褒矣。」故大父之葬，門生挽詩有「地下若逢常處士，揶揄應笑贈官來」之句。

古今詩人，多以記境熟語或相類。鮑明遠云「昔如韝上鷹，今似檻中猿」；杜子美云「昔如縱壑魚，今如喪家狗」；王荆公云：「昔如下擊三鶻拳，今如倒曳九牛尾。」李太白云「沙墩至梁苑，二十五長亭」；杜牧之云：「故鄉七十五長亭。」選詩云「流波戀舊浦，行雲思故山」；太白云：「水忽戀前浦，雲猶歸舊山。」嵇叔夜云「委性命兮任去留」；陶淵明云：「曷不委心任去留。」方干云「蟬曳殘聲過别枝」；蘇子美云：「山蟬帶響穿疎户。」韋應物云「野渡無人舟自横」；寇萊公云：「野水無人渡，孤舟盡日横。」王元之云「謫居思遁世，多病厭浮生」；萊公云：「愁多怯秋夜，病久厭人生。」唐人云「人心勝潮水，相送過潯陽」；梅聖俞云：「寒潮如特送，不肯過湓城。」元之云「燒殘灰燼方分玉，撥盡寒沙始見金」；聖俞云：「力槌頑石方逢玉，盡撥寒沙始見金。」杜子美云「坐飲賢人酒，門聽長者車」；荆公云：「室有賢人酒，門多長者車。」唐人云「萬井閭閻皆禁火，九原松柏自生煙」；聖俞云：「千門皆禁火，九野自生煙。」劉夢得云「藥性病生諳」；于鵠云：「病多諳藥性。」唐人云「中流見樹影，兩岸聞鐘聲」；張祜云：「樹影中流見，鐘聲兩岸聞。」諸名下之士，豈相剽竊者邪？

杜祁公齒落詩有「剛須饒舌在，寒不爲脣亡」之句。時年八十，其警策尚如此。

李太白詩「我醉欲眠卿可去」，陶潛語也。杜子美「使君自有婦」，選中羅敷詩語也。「泥汙后土何嘗乾」，宋玉九辯語也。

杜子美「無風雲出塞，不夜月臨關」。王子韶云：無風，谷名；不夜，城名。嘗親至其地。如李義山錦瑟詩「莊生曉夢迷蝴蝶，望帝春心託杜鵑」。莊生望帝，皆瑟中古曲名。

杜子美以「鄭李」對「文章」，「嚴僕射」對「望鄉臺」，「春苜蓿」對「霍嫖姚」，「正冠」對「吹帽」。又云「軒墀曾寵鶴」，如鶴乘軒。左氏傳注云：「軒，大夫車也。」非軒墀之軒，或以爲病，惟知詩者能辨之。

杜子美飲中八僊歌「知章騎馬似乘船」，又「天子呼來不上船」，用兩「船」字韻；「汝陽三斗始朝天」，又「舉頭白眼望青天」，〔三〕用兩「天」字韻；「蘇晉長齋繡佛前」，又「皎如玉樹臨風前」，又「脱帽露頂王公前」，用三「前」字韻；「眼花落井水底眠」，又「長安市上酒家眠」，用兩「眠」字韻。牽牛織女詩「蛛絲小人態，曲綴瓜果中」，又「防身動如律，竭力機杼中」，用兩「中」字韻。李太白高陽歌〔四〕云：「鸕鶿杓，鸚鵡杯，百年三萬六千日，一日須傾三百杯。」用兩「杯」字韻。廬山謠云「影落前湖青黛光，〔五〕金闕前開二峰長」，〔六〕又「翠影紅霞映朝日，鳥飛不到吴江長」，〔七〕用兩「長」字韻。韓退之李花詩「氷盤夏薦碧實脆，斥去不御慙其花」，又「誰堆平地萬堆雪，剪刻作此連天花」，用兩「花」字韻。雙鳥詩「兩鳥各閉口，萬象銜口頭」，又「百舌舊饒聲，從此常低頭」，用兩「頭」字韻。示爽詩「冬夜豈不長，達旦燈燭然」，又「此來南北近，里閭故依然」，用兩「然」字韻。猛虎行「猛虎死不辭，但慙前所爲」，又「親故且不保，人誰信汝爲」，用兩「爲」字韻。子美、太白、退之，於詩無遺恨矣，當自有體邪。

杜子美詩「將軍只數霍嫖姚」對「苑馬總歸春苜蓿」，「嫖姚」字如律當讀平聲。又云「杖藜妨躍馬，〔八〕不是故離羣」，「離」字如律當讀平聲。漢書音義：「嫖姚字皆讀去聲，音鰾鷂。」檀弓「離羣索居」，釋文「離」字讀去聲，力智反，音利。退之云「凡爲文辭，宜略識字」，有以也。

王荆公以「力去陳言誇末俗，可憐無補費精神」，薄韓退之矣。然「喜深將策試，驚密仰檐窺」；又「氣嚴當酒暖，灑急聽窗知」：皆退之雪詩也。荆公詠雪則云：「借問火城將策試，何如雲屋聽窗知。」全用退之句也。去古人陳言以爲非，用古人陳言乃爲是邪？

東坡與陳傳道書云：「知傳道日課一詩，甚善，此技雖高才，非甚習不能工。」蓋梅聖俞法也。又韓少師云：「梅聖俞學詩日，欲極賦象之工，作挑燈杖子詩尚數十首。」李邯鄲諸孫亨仲云：「吾家有梅聖俞詩善本，世所傳，多爲歐陽公去其尤者，忌能名之或壓也。」予謂歐陽公在諫路，頗詆邯鄲公，亨仲之言恐不實。然曾仲成云：「歐陽公有『韓孟於文詞，兩雄力相當。孟窮苦纍纍，韓富浩穰穰。郊死不爲島，聖俞發其藏』等句。聖俞謂蘇子美曰『永叔自要作韓退之，強差我作孟郊』，雖戲語，亦似不平也。」

校勘記

〔一〕古人傳誦以爲佳句　「古人」，曹本作「古今」。

〔二〕判司卑官不堪説　「判司卑官」原作「判官卑小」，據學津本改。按，韓昌黎集八月十五夜贈張功曹作「判司卑官」。

〔三〕舉頭白眼望青天　按，讀杜心解飲中八仙歌作「舉觴白眼望青天」。

〔四〕高陽歌　按，李太白全集卷七作「襄陽歌」。

〔五〕影落前湖青黛光　按，李太白全集廬山謡寄盧侍御虚舟作「影落明湖青黛光」。

〔六〕金闕前開二峰長　「二」原作「三」，據津逮本、學津本改。按，李太白全集廬山謡寄盧侍御虚舟作「二峰」，水經注廬山「有雙石高竦」，則作「二峰」爲是。

〔七〕鳥飛不到吴江長　按，李白廬山謡寄盧侍御虚舟作「鳥飛不到吴天長」。

〔八〕杖藜　「藜」原作「梨」，據津逮本、學津本改。

邵氏聞見後録卷第十九

晁以道言：「王荆公與宋次道同爲羣牧司判官，次道家多唐人詩集，荆公盡即其本擇善者籤帖其上，令吏抄之。吏厭書字多，輒移荆公所取長詩籤置所不取小詩上。荆公性忽略，不復更視，唐人衆詩集以經荆公去取皆廢。今世所謂唐百家詩選曰荆公定者，乃羣牧司吏人定也。」

宋子京罷守成都，故事當爲執政，未至，宰相以兩地見次，盡以他人充之。子京聞報悵然，有「梁園賦罷相如至，宣室釐殘賈誼歸」之句。言者又論蜀人不安其奢侈，遂止爲鄭州，望國門不得入，久之再爲翰林承旨。未幾，不幸訃至成都，士民哭於其祠者數千人。謂「不安其奢侈者」誣矣。宰相，韓魏公也。言者，包孝肅也。然子京先有「碧雲漫有三年信，明月長爲兩地愁」之句，竟不至兩地，悲憤而没，世以爲讖云。

吕申公帥維揚，東坡自黄崗移汝海，經從見之。申公置酒，終日不交一語。東坡昏睡，歌者唱「夜寒斗覺羅衣薄」，東坡驚覺，小語云「夜來走卻羅醫博」也，歌者皆匿笑。酒罷行後圃中，至更坐，〔二〕東坡即几案間筆墨，書歌者團扇云：「雨葉風枝曉自勻，緑陰青子静無塵。閑吟遶屋扶疎句，須信淵明是可人。」中公見之亦無語。

韓魏公與宋尚書同試中書，賦琬圭。宋公太息曰：「老矣，尚從韓家郎君試邪！」蓋宋公文稱已著，韓公以從官子弟二名登科，然世尚未盡知也。或聞韓公則愧謝曰：「某其敢望宋公，報罷必矣。」已而韓公爲奏篇之首，宋公反出其下。後韓公帥中山，作閲古堂，宋公詞有云：「聽説中山好，韓家閲古堂。畫圖名將相，刻石好文章。」韓公見之不悦。

王荆公初執政，對客悵然曰：「投老欲依僧耳。」客曰：「急則抱佛脚。」公微笑曰：「投老欲依僧，古人全句。」客曰：「急則抱佛脚，亦全俗語也。然上去投，下去脚，豈不爲的對邪？」公遂大笑。

蘇仲虎言：有以澄心紙求東坡書者。〔三〕令仲虎取京師印本東坡集誦其中詩，即書之，至「邊城歲莫多風雪，強壓香醪與君别」，東坡閣筆怒目仲虎云：「汝便道香醪。」仲虎驚懼，久之，方覺印本誤以「春醪」爲「香醪」也。

劉夢得作九日詩，欲用餻字，以五經中無之，輟不復爲。宋子京以爲不然。故子京九日食餻有詠云：「颼館輕霜拂曙袍，糗餈花飲鬬分曹。劉郎不敢題餻字，虚負詩中一世豪。」遂爲古本絶唱。「糗餌粉餈」，餻類也，出周禮。「詩豪」，白樂天目夢得云。

李太白僧伽歌云：「此僧本住南天竺，爲法頭陀來此國。」又云：「嗟予落泊江淮久，罕遇真僧説空有。」時僧伽已顯於淮泗之上矣。豪傑中識郭子儀，隱逸中識司馬子微，浮屠中識僧伽，則太白亦異人也哉！

白樂天長恨歌有「夕殿螢飛思悄然，孤燈挑盡未成眠」之句，寧有興慶宫中，夜不燒蠟油，明皇帝自挑盡者乎？〔三〕書生之見可笑耳。

元和中，處士唐衢善哭，聞白樂天謫，輒大哭。衢後死，〔四〕樂天有詩云：「何當向墳前，還君一掬淚。」

晁以道問予：「梅二詩何如黄九？」予曰：「魯直詩到人愛處，聖俞詩到人不愛處。」以道爲一笑。

柑橘二物，草木書各爲一條。安定郡王以黄柑釀酒，曰「洞庭春色」。東坡之賦，皆用橘事。豈以橘條下云：其類有朱柑、乳柑、黄柑、石柑乎？夫柑無故事，名「洞庭春色」，亦橘也。

歐陽公於詩主韓退之，不主杜子美。劉中原父每不然之。公曰：「子美『老夫清晨梳白頭，玄都道士來相訪』之句，有俗氣，退之決不道也。」中原父曰：「亦退之『昔在四門館，晨有僧來謁』之句之類耳。」公賞中原父之辯，一笑也。

南人謂象齒爲白暗，犀角爲黑暗。少陵詩云「黑暗通蠻貨」，用方言也。

李太白詩云：「昔作芙蓉花，今爲斷腸草。以色事他人，能得幾時好。」按：陶弘景僊方注云：「斷腸草，不可食，其花美好，名芙蓉。」

李習之、韓退之、孟東野善，習之於文，退之所敬也；退之與東野唱酬傾一時，習之獨無詩，退之不議也。尹師魯、歐陽永叔、梅聖俞善，師魯於文，永叔所敬也；永叔與聖俞唱酬傾一時，師魯獨無詩，永叔不議也。習之、師魯之於詩，以爲不足作邪，抑不能邪？

夔峽之人，歲正月，十百爲曹，〔五〕設牲酒于田間，已而衆操兵大噪，謂之養原注：去聲烏鬼。長老言：地近烏蠻戰場，多與人爲厲，用以禳之。沈存中疑少陵「家家養烏鬼」，其自也。疏詩者乃以「鸕鷀別名烏鬼」。予往來夔峽間，問其人如存中之言，鸕鷀亦無別名。

華州齊雲樓有唐昭宗詞：「安得有英雄，迎歸大内中。」蒲中鸛鵲樓有唐太宗詩：「昔乘匹馬至，今駕六龍來。」其英偉悽怨之氣，何祖孫不同也！

東坡爲董毅夫作長短句：「文君壻知否？笑君卑辱。」奇語也。「文君壻」猶「虞姬壻」云，今刻本者不知，有自改「文君細知否」，可笑耳。

東坡別李公擇長短句，「憑仗飛魂招楚些，我思君處君思我」。退之與孟東野書「以余心之思足下，知足下懸懸於余」之意也。

宋子京在翰林時，同院李獻臣以次，有六學士。一日，張貴妃詞頭下，議行告庭之禮，未決，子京遽以制上，妃怒抵於地曰：「何學士敢輕人？」子京出知安州，以長短句詠燕子，有「因爲銜泥汙錦衣，垂下珠簾不敢歸」之句。或傳入禁中，仁皇帝覽之一歎，尋召還玉堂署。

「簫聲咽，秦娥夢斷秦樓月。秦樓月，年年柳色，灞橋相別。〔六〕樂遊原上清秋節，咸陽古道音塵絶。音塵絶，西風殘照，漢家陵闕。」李太白詞也。予嘗秋日餞客咸陽寶釵樓上，漢諸陵在晚照中，有歌此詞者，一坐悽然而罷。

夔州營妓爲喻迪孺扣銅盤，歌劉尚書竹枝詞九解，尚有當時含思宛轉之豔，他妓者皆不能也。迪孺云：「歐陽詹爲并州妓賦『高城已不見，況乃城中人』詩，今其家尚爲妓，詹詩本亦尚在。妓家夔州，其先必事劉尚書者，故獨能傳當時之聲也。」〔七〕

「僊女是，董雙成，桂殿夜涼吹玉笙，曲終卻從天官去，萬户千門空月明。河漢女，玉鍊顔，雲軿往往到人間，九霄有路去無迹，裊裊天風吹珮環。」李太尉文饒迎神、送神二曲。予遊秦，尚有能宛轉度之者，或并爲一曲，謂李太白作，非也。

程叔微云：「伊川聞誦晏叔原『夢魂慣得無拘檢，又踏楊花過謝橋』長短句，笑曰：『鬼語也。』」意亦賞之。程晏三家有連云。〔八〕

晏叔原，臨淄公晚子。監潁昌府許田鎮，〔九〕手寫自作長短句，上府帥韓少師。少師報書「得新詞盈卷，蓋才有餘而德不足者，願郎君捐有餘之才，補不足之德，不勝門下老吏之望」云。一監鎮官，敢以杯酒間自作長短句，示本道大帥；以大帥之嚴，猶盡門生忠於郎君之意；在叔原爲甚豪，在韓公爲甚德也。

予嘗見東坡一帖云：「王十六秀才遺拍板一串，意予有歌人，不知其無也。然亦有用，陪傅大士唱金剛經耳。」字畫奇逸，如欲飛動。魯直作小楷書其下云：「此拍板以遺朝雲，使歌公所作滿庭芳，亦不惡也。然朝雲今爲惠州土矣。」予意韓退之、張籍翰墨間，亦無此一段風流耳。東坡赤壁詞「灰飛煙滅」之句，圓覺經中佛語也。

校勘記

〔一〕至更坐　「更」，曹本作「便」。

〔二〕以澄心紙求東坡書者　原無「求」字，此從曹本補。

〔三〕明皇帝自挑盡者乎　「挑盡」，津逮本、曹本作「挑燈」。

〔四〕衢後死　曹本作「後衢死」。

〔五〕十百爲曹　「十百」，曹本作「十一日」。

〔六〕灞橋相別　「相」，津逮本、學津本、曹本皆作「傷」。按，李太白全集憶秦娥作「灞陵傷別」。

〔七〕故獨能傳當時之聲也　「傳」，津逮本、學津本作「儔」。

〔八〕程晏三家 「三」，曹本作「二」。

〔九〕監潁昌府許田鎮 「許田鎮」，曹本作「許由鎮」。按，宋史卷八五地理志潁昌府下有「熙寧四年，省許田縣爲鎮入焉」。則作「許田鎮」爲是。

邵氏聞見後録卷第二十

仁皇帝問王懿敏素〔一〕曰：「大僚中孰可命以相事者？」懿敏曰：「下臣其敢言。」帝曰：「姑言之。」懿敏曰：「唯宦官宫妾不知姓名者，可充其選。」帝憮然，有間，曰：「唯富弼耳。」懿敏下拜曰：「陛下得人矣。」既告大庭相富公，士大夫皆舉笏相賀，或密以聞，帝益喜曰：「吾之舉賢於夢卜矣。」

神宗問：「周世宗何如？」馮公京曰：「世宗威勝於德，故享國不永。」王荆公曰：「世宗之殂，遠邇哀慕，非無德也。」荆公率以强辯勝同列，不知馮公之對，迺藝祖之語，見三朝寶訓云。

王荆公初參政事，下視廟堂如無人。一日，争新法，怒目諸公曰：「君輩坐不讀書耳。」〔二〕趙清獻同參政事，獨折之曰：「君言失矣。如臯、夔、稷、契之時，有何書可讀？」荆公默然。

憲成李公及爲杭州，不游宴。一日遇雪，命促飲具，郡僚不無意於歌舞高會也，乃訪林和靖於孤山，清談同賞。又曰飲食外，〔三〕不市一物。至去官，唯買白樂天集一部。

傳獻簡公云：「司馬文正公力辭樞近，嘗勉以主上眷意異等，得位庶可行道；道不行，去之可也。」公正色曰：「古今爲此名位所誘，虧喪名節者不少矣。」卒辭不就。文潞公曰：「司馬君實操行，直當求之古人中也。」

傳獻簡與杜祁公取未見石刻文字二本，皆踰千言，各記一本。祁公再讀，獻簡一讀，覆誦之，不差一字，祁公時年踰七十矣，光禄丞趙樞在坐見之。

韓魏公、文潞公先後鎮北門。魏公時，朝城令杖一守把兵，方一下，兵輒悖駡不已，令以送府。公問兵：「實悖令否？」曰：「實。」曰：「汝禁兵，既在縣有役，則有階級矣。」即判送狀，領赴市曹處斬，從容平和如常時。衆見其投判筆，方知有異。潞公時，復有外縣送一兵，犯如前者。公震怒，問虚實。兵以實言。亦判送狀處斬，擲其筆。二公之量不同：魏公則彼自犯法，吾無怒焉；潞公異稟雄豪，姦惡不容也。劉器之爲韓瓘云。

東坡論張文定以一言，曰：「大。」曰：「惟天爲大，惟堯則之，天下未嘗一日無士。而仁宗之世，獨爲多士者，以其大也。賈誼嘆細德之嶮微，知鳳鳥之不下，閔溝瀆之尋常，知吞舟之不容，傷時無是大者以容己也。蓋天下大器也，非力兼萬人，其孰能舉之？非仁宗之大，其孰能容此萬人之英乎？」世以爲知言。神宗嘗問文定識王安石否？曰：「安石視臣大父行也。臣見其大父日，安石髪未丱，衣短褐布，身瘡疥，役灑埽事，一蒼頭耳。」故荆公亦畏其大，不敢與之争辯。日録中盡詆前輩諸公，獨於文定無譏云。

劉器之曰：「吾從司馬公五年，得一語曰：誠。請問其目？則曰：『誠者天之道，思誠者人之道，至臻其道則一也。』又問所以致力？公喜曰：『問甚善，自不妄語人。吾初甚易之，退而自檃括日之所行與所言，相掣肘矛盾者多矣，力行七年而後成，自兹言行一致，表裏相應，遇事坦然有餘地矣。』」

或問劉器之曰：三代以下，宰相學術，司馬文正一人而已。曰：學術固也，如宰相之才，可以圖回四海者，未敢以爲第一。蓋元祐大臣類豐於德，而廉於才智也。先人亦云：司馬公所謂惟大人能格君心之非者，以御史大夫、諫大夫執法殿中，勸講經幄，用則前無古人矣。

趙清獻公平生日所爲事，夜必衣冠，露香，九拜手，告於天，應不可告者，則不敢爲也。

張堯封從孫明復先生學於南京，其女子常執事左右。堯封死，入禁中爲貴妃，寵遇第一。數遣使致禮於明復，明復閉門拒之終身。

慶曆中，富鄭公、韓魏公俱少年執政，頗務興作。章郇公位丞相，終日默然如不能言。或問郇公：「富、韓勇於事爲何如？」曰：「得象每見小兒跳躑戲劇，不可訶止，俟其抵觸牆壁自退耳。方鋭於跳躑時，勢難遏也。」後富、韓二公，閲歷歲月，經涉憂患，〔四〕始知天下之事不可妄有紛更。而王荆公者，年少氣盛，強項莫敵，盡將祖宗典制變亂之。〔五〕二公不可救止而去，始嘆郇公之言爲賢也。

唐制：唯給事中得封還制書。康定間，中旨劉從德妻王氏還前削遂國夫人。富韓公爲知制誥，封還詞頭。知制誥，今中書舍人也。中書舍人繳詞頭，自富公始。王氏犍爲人，初以后族出入禁中，其父蒙正，始因以通姦利云。

吕申公云：「唯人主之眷不可恃。」

王荆公在半山，使一老兵，方汲泉埽地當其意，譽之不容口；忽誤觸燈檠，即大怒，以爲不力，逐去之。參寥在坐，私語他客云：「公以喜怒進退一老兵，如在朝廷，以喜怒進退士大夫也。」

王荆公與曾南豐平生以道義相附。神宗問南豐：「卿交王安石最密，〔六〕安石何如人？」南豐曰：「安石文學行義，不減揚雄，以吝故不及。」神宗遽曰：「安石輕富貴，不吝也。」南豐曰：「臣謂吝者，安石勇於有爲，吝於改過耳。」神宗頷之。

王荆公晚喜說字。客曰：「『覇』字何以從西？」荆公以西在方域主殺伐，累言數百不休。或曰：霸從雨，不從西也。荆公隨輒曰：如時雨化之耳。其學務鑿，無定論類此。如三經義頒於學官數年之後，又自列其非是者，奏請易去，視古人懸諸日月不刊之說，豈不誤學者乎？

或譖胡宿於上曰：「宿名當爲去聲，乃以入聲稱，名尚不識，豈堪作詞臣？」上以問宿。宿曰：「臣名歸宿之宿，非星宿之宿。」譖者又曰：「果以歸宿取義，何爲字拱辰也？」故後易字武平。

王荆公之子雱作荆公畫像贊曰：「列聖垂教，參差不齊，集厥大成，光於仲尼。」是聖其父過於孔子也。雱死，荆公以詩哭之曰：「一日鳳鳥去，千年梁木摧。」是以兒子比孔子也。父子相聖，可謂無忌憚者矣。

楊大年爲翰林學士，適禮部試天下士。一日，會鄉里待試者，或云：學士必持文衡，幸預有以教之。大年作色拂衣而入，則曰：「於休哉！」大年果知貢舉。凡程文用「於休哉」者，皆中選。而當時坐中之客，半不以爲意，不用也。

東坡在翰苑，薄暮中使宣召，已半醉，遽汲泉以漱，意少快，入對內東門小殿。簾中出除目：吕公著司空、平章軍國重事，吕大防、范純仁左右僕射。既承旨，宣仁后曰：「學士前年爲何官？」曰：「臣前年爲汝州團練副使。」「今爲何官？」曰：「臣今待罪翰林學士。」曰：「何以遽至此？」曰：「遭遇太皇太后陛下。」曰：「不關老身事。」曰：「遭遇皇帝陛下。」曰：「亦不關官家事。」曰：「豈出大臣論薦？」曰：「亦不關大臣事。」東坡驚曰：「臣雖無狀，不敢自他途以進。」宣仁后曰：「久欲令學士知此，是神宗皇帝之意。帝飲食停匕箸，看文字，宫人私相語：必蘇軾之作。帝每曰：『奇才，奇才！』但未及進用學士，上僊耳。」東坡不覺哭失聲，后與上亦泣，左右皆泣，〔七〕已而命坐賜茶。宣仁后又曰：「學士直須盡心事官家，以報先帝。」東坡下拜，撤御前金蓮燭送歸院。東坡爲王鞏云。

東坡先謫黄州，熙寧執政妄以陳季常鄉人任俠，家黄之岐亭，有世讎；後謫惠州，紹聖執政，妄以程之才姊之夫有宿怨，假以憲節，皆使之甘心焉。然季常、之才從東坡甚驩也。

劉器之與東坡元祐初同朝，東坡勇於爲義，或失之過，則器之必約以典故。東坡至發怒曰：「何處把上原注：把，去聲。農人乘以事田之具。〔八〕曳得一『劉正言』來，知得許多典故。」或以告器之，則曰：「子瞻固所畏也，若恃其才，欲變亂典常，則不可。」又朝中有語云：「閩蜀同風，腹中有虫。」以二字各從虫也。東坡在廣坐作色曰：「書稱『立賢無方』。何得乃爾！」器之曰：「某初不聞其語，然『立賢無方』，須是賢者乃可，若中人以下，多繫土地風俗，安得不爲土習風移？」東坡默然。至元符末，東坡、器之各歸自嶺海，相遇於道，始交驩。器之語人云：「浮華豪習盡去，非昔日子瞻也。」東坡則云：「器之鐵石人也。」

司馬丞相薨於位，程伊川主喪事，專用古禮。將祀明堂，東坡自使所來弔，伊川止之曰：「公方預吉禮，非『哭則不歌』之義，不可入。」東坡不顧以入，曰：「聞『哭則不歌』，不聞『歌則不哭』也。」伊川不能敵其辯也。

晁以道爲予言：嘗親問東坡曰：「先生易傳，當傳萬世。」曰：「尚恨某不知數學耳。」

李僘言：東坡自海外歸毗陵，病暑，着小冠，披半臂，坐船中。夾運河岸，千萬人隨觀之。東坡顧坐客曰：「莫看殺軾否？」其爲人愛慕如此。

東坡倅錢塘日，答劉道原書云：「道原要刻印七史固善，方新學經解紛然，日夜摹刻不暇，何力及此。近見京師經義題『國異政，家殊俗』，國何以言異？家何以言殊？又有『其善喪厥善』，其厥不同何也？又説易觀卦本是老鸛，詩大小雅本是老鴉，似此類甚衆，大可痛駭。」時熙寧初，王氏之學，務爲穿穴至此。〔九〕

安世月八日登對，睠問甚渥。太母首語及先公，惻愴久之，曰：「如司馬相公盡心朝廷，何可更得？君臣之間如此，可紀可紀。」予舊收諫大夫劉安世器之報司馬公休書一紙如上。曰可紀也，故紀之。

校勘記

〔一〕王懿敏素　「素」，曹本作「等」。按，王素字仲儀，謚懿敏，宋史卷三二五有傳。則作「素」爲是。

〔二〕君輩坐不讀書耳　「君」原作「公」，據津逮本、學津本改。

〔三〕又曰飲食外　「曰」，曹本作「自」。

〔四〕經涉憂患　「經」，曹本作「終」。

〔五〕盡將祖宗典制變亂之　「將」，津逮本、學津本、曹本皆作「取」。

〔六〕卿交王安石最密　「密」，津逮本、學津本、曹本皆作「蚤」。

〔七〕左右皆泣　原無「左右皆泣」，據津逮本、學津本、曹本補。按，宋史卷三三八蘇軾傳作「左右皆感涕」。

〔八〕把去聲農人乘以事田之具　曹本作「把爲去音俗呼頃也」，無「農人乘以事田之具」。

〔九〕務爲穿穴至此　「穴」，津逮本、學津本作「鑿」。

邵氏聞見後録卷第二十一

趙肯堂親見魯直晚年懸東坡像於室中，每蚤作，衣冠薦香，肅揖甚敬。或以同時聲實相上下爲問，[一]則離席驚避曰：「庭堅望東坡，門弟子耳，安敢失其序哉？」今江西君子曰「蘇黃」者，非魯直本意。

東坡帥揚州，曾旼罷州學教授，經真州，見吕惠卿。惠卿問：「軾何如人？」旼曰：「聰明人也。」惠卿怒曰：「堯聰明，舜聰明邪，大禹之聰明邪？」旼曰：「雖非三者之聰明，是亦聰明也。」惠卿曰：「軾學何人？」旼曰：「學孟子。」惠卿益怒，起立曰：「何言之不倫也？」旼曰：「孟子以『民爲重，社稷次之』，此所以知蘇公學孟子也。」惠卿默然。

李定自鞫東坡獄，勢不可向。一日，於崇政殿門外語同列曰：「蘇軾奇才也。」俱不敢對。又曰：「軾前二三十年所作詩文，引援經史，隨問即答，無一字之差，真天下奇才也。」嘆息久之。蓋世之公論，至仇怨不可奪也。

王彦霖繫年録：元祐六年三月，神宗實録成。著作郎黄庭堅除起居舍人，蘇子由不悦曰：「庭堅除日，某爲尚書右丞，不預聞也。」已而後省封還詞頭，命格不行。子由之不悦，不平吕丞相之專乎？抑不樂庭堅也？庭堅字魯直，蚤出東坡門下，或云

後自欲名家，類相失云。

范文正公尹天府，坐論吕申公降饒州；歐陽公爲館職，以書責諫官不言，亦貶夷陵。未幾，申公亦罷。後歐陽公作文正神道碑云：「吕公復相，公亦再起被用，於是二公驩然相約，共力國事。天下之人皆以此多之。」文正之子堯夫以爲不然，從歐陽公辯，不可，則自削去「驩然」、「共力」等語。歐陽公殊不樂，爲蘇明允云：「范公碑，爲其子弟擅於石本改動文字，令人恨之。」文正墓誌，則富公之文也。先是，富公自歐陽公平章，其書略曰：「大都作文字，其間有干着説善惡，可以爲勸戒者，必當明白其詞，善惡焕然，使爲惡者稍知戒，爲善者稍知勸，是亦文章之用也。豈當學聖人作春秋，隱奥微婉，使後人傳之、注之尚未能通，疏之又疏之尚未能盡，〔三〕以至爲説、爲解、爲訓釋、爲論議，經千餘年而學者至今終不能貫徹曉了。弼謂如春秋者，惟聖人可爲，降聖人而下皆不可爲，爲之亦不復取信於後矣。學者能約春秋大義，立法立

例，善則褒之，惡則貶之，苟有不得已須當避者，稍微其詞可也，不宜使後人千餘年而不知其意也。若善不能勸，惡不能戒，則是文字將何用哉？既書之而惡者自不戒，善者自不勸，則人之罪也，於文何過哉？弼常病今之人，作文字無所發明，但依違模稜而已。人之爲善固不易，有遭讒毀者，有被竄斥者，有窮困寒餓者，甚則誅死族滅。而執筆者但求自便，不與之表顯，誠罪人也。人之爲惡者，必用姦謀巧詐，貨賂朋黨，多方以逃刑戮，況不止刑戮是逃，以至子子孫孫享其餘蔭而不絶，可謂大幸矣。執筆者又憚之，不敢書其惡，則惡者愈惡，而善人常沮塞不振矣。君子爲小人所勝所抑者，不過禄位耳。惟有三四寸竹管子，向口角頭褒善貶惡，使善人貴，惡人賤，善人生，惡人死，須是由我始得，不可更有所畏怯而噤默，受不快活也。向作希文墓誌，蓋用此法，但恨有其意而無其詞，亦自謂希文之善稍彰，姦人之惡稍暴矣。今永叔亦云：『胸臆有欲道者，誠當無所避，皎然寫之，洩忠義之憤，不亦快哉！』則似以弼之説爲是也。然弼之説，蓋公是公非，非於惡人有所加諸也，如希文墓誌中，所詆姦人皆指事據實，盡是天下人聞知者，即非刱意爲之，彼家數子皆有權位，必大起謗議，斷不卹也。」初，寶元、慶曆間，范公、富公、歐陽公，天下正論所自出。范公薨，富公、歐陽公相約書其事矣。歐陽公後復不然何也？予讀富公之書至汗出，尚以春秋之誅爲未快，嗚呼，可畏哉！

英宗初臨御，韓魏公爲相，富鄭公爲樞密相。一日，韓公進擬數官者〔三〕策立有勞，當遷官。富公曰：「先帝以神器付陛下，此輩何功可書？」韓公有愧色。後韓公帥長安，爲范堯夫言其事，曰：「琦便怕它富相公也。」

登州有婦人阿云謀殺夫而自承者，知州許遵謂法因犯殺傷而首者，得免所因之罪，仍科故殺傷法，而敕有因疑被執，招承減等之制，即以按問欲舉聞，意以謀爲殺之因，所因得首，合從原減。事下百官議，蓋鬭殺、刼殺，鬭與刼爲殺因，故按問欲舉，可減以謀而殺，則謀非因，所不可減。司馬文正公議曰：「殺傷之中，自有兩等，輕重不同。其處心積慮、巧詐百端、掩人不備者，則謂之謀；直情徑行、略無顧慮、公然殺害者，則謂之故。謀者尤重，故者差輕。今此人因犯它罪，致殺傷他人罪，雖得首原，殺傷不在首例。若從謀殺則太重，若從鬭殺則太輕，故酌中，令從故殺傷法。其直犯殺傷更無它罪者，唯未傷則可首，但係已傷，皆不可首。今許遵欲將謀之與殺，分爲兩事，則故之與殺，亦是兩事也。且律稱得免所因之罪，彼刼囚略人皆是也。已有所犯因，而又殺傷人，故刼略可首，而殺傷不原，若平常謀慮不爲殺人，當有何罪可得首免？以此知謀字止因殺字生文，不得別爲所因之罪也。若以鬬殺與謀殺，皆爲所因之罪，從故殺傷法，則是鬬傷自首，反得加罪一等也。」自廷尉以下，皆嫉許遵之妄，附文正公之議。王荆公不知法，好議法，又好與人爲異，獨主遵議。廷尉以下争之不可得，卒從原減。至荆公作相，謀殺遂立按問。舊法一問不承，後雖自言，皆不得爲按問。時欲廣其事，雖累問不承，亦爲按問，天下非之。至文正公作相，立法應州軍大辟，罪人情理不可憫，刑名無疑慮，輒敢奏聞者，並令刑部舉駮，重行朝典，不得用例破條。蓋祖宗以來，大辟可憫與疑慮得奏裁，若非可憫、非疑慮，則是有司妄讞，以幸寬縱，豈除暴惡安善良之意乎？文正公則辟以止辟，正法也。荆公則姑息以長姦，非法也。至紹聖以來，復行荆公之法，而殺人者始不死矣。予嘗謂後漢張敏之議，可爲萬世法。曰：「孔子垂經典，臯陶造法律，[四]原其本意，皆欲禁民爲非也。或以平法當先論生，臣愚以爲天地之性，唯人爲貴，殺人者死，三代通制，今欲趣生，反開殺路，一人不死，天下受敝。記曰：『利一害百，人去城郭。』夫春生秋殺，天道之常。春一物枯即爲災，秋一物華即爲異。王者承天地，順四時，法聖人，從經律而已。」蓋與司馬文正之議合也。蘇黄門初嫉許遵之讞，後復云：「遵子孫多顯者，豈一能活人，天理固不遺哉！」亦非也。使妄活殺人者，可爲陰功，則被殺者之寃，豈不爲陰譴乎？

韓魏公自外上章，歷數王荆公新法害天下之狀，神宗感悟，諭執政亟罷之。〔五〕荆公方在告，乞分司。趙清獻公參政事，曰：「欲俟王安石出，令自罷之。」荆公既出，疏駁魏公之章，持其法益堅，卒至敗亂天下。識者於清獻公有遺恨焉。

先人嘗言，熙寧、元豐間，司馬文正、范忠宣先後爲西都留臺，吾皆從之遊。至元祐初，文正起爲宰相，忠宣起爲樞密使，吾見之，其話言服用，一如在西都時，但忠宣顔色甚澤，文正清苦無少異，吾以此窺忠宣，其中豈尚以名位爲樂邪？

予見司馬文正公親書一帖：「光年五六歲，弄青胡桃，女兄欲爲脱其皮，不得。女兄去，一婢子以湯脱之。女兄復來，問脱胡桃皮者。光曰：『自脱也。』先公適見，訶之曰：『小子何得謾語。』光自是不敢謾語。」後，公以誠學授劉器之曰：「自不謾語入。」東坡書公神道之石亦曰：「論公之德，至於感人心，動天地，巍巍如此。而蔽以二言：曰誠，曰一云。」

韓忠獻公、宋景文公同召試中選，王德用帶平章事，例當謝，二公有空疎之謙言。德用曰：「亦曾見程文，誠空疎，少年更宜廣問學。」二公大不堪。景文至曰：「吾屬見一老衙官，是納侮也。」後二公俱成大名，德用已薨，忠獻爲景文曰：「王公雖武人，尚有前輩激勵成就後學之意，不可忘也。」予得之李先仲，王公外孫云。

文潞公本姓敬，其曾大父避石晉高祖諱，更姓文。至漢，復姓敬。入本朝，其大父避翼祖諱，又更姓文。初，敬氏避諱，各用其一偏，或爲文氏，或爲苟氏。然敬字從苟原注：己力切，音棘。非苟也，從攴非文也，俱非其一偏也。

蘇東坡既貶黄州，神宗殊念之，嘗語宰相王珪、蔡確曰：「國史至重，可命蘇軾成之。」珪有難色。又曰：「軾不可，姑用曾鞏。」鞏爲檢討官，先進太祖總論，已不當神宗之意，未幾罷去。東坡自黄崗移汝墳，舟過金陵，見王荆公於鍾山，留連燕語，荆公曰：「子瞻當重作三國書。」東坡辭曰：「某老矣，願舉劉道原自代云。」

元豐末，司馬文正資治通鑑成，進御。丞相王珪、蔡確見上，問何如？上曰：「當略降出，不可久留。」又咨歎曰：「賢於荀悦漢紀遠矣。」罷朝，中使以其書至政事，每葉縫合以睿思殿寶章。睿思殿，上禁中觀書之地也。舍人王震等在省中，從丞相來觀，丞相笑曰「君無近禁臠」，以言上所愛重者。

校勘記

〔一〕聲實　「實」，津逮本、學津本、曹本皆作「名」。義俱通。

〔二〕疏之又疏之　津逮本、學津本、曹本皆作「又疏之疏之」。

〔三〕官者　「官」原作「宦」，據津逮本、學津本改。

〔四〕臯陶造法律　「律」，津逮本、學津本均作「也」。按，後漢書卷四四張敏傳作「臯陶造法律」。

〔五〕論執政亟罷之　「論」，曹本作「即論」。

邵氏聞見後録卷第二十二

熙寧年，邊吏報北虜將入寇。亟遣中貴人取兩河民車，以爲戰備，民大驚擾。自宰執以下言不便者牆進，俱不省。時沈括存中爲記注。一日，侍筆立御座側，上顧曰：「卿知籍車之事乎？」括曰：「未知。車將何用？」上曰：「北虜以多馬取勝，唯車可以當之。」括曰：「胡之來，民父子墳墓田廬皆當棄去，復暇郵車乎？朝廷姑籍其數而未取，何傷？」上喜曰：「卿言有理。何論者之紛紛也？」括曰：「車戰之利，見於歷世。巫臣教吴子以車戰，遂霸中國；李靖用偏箱鹿角車，以擒頡利。臣但未知一事，古人所謂輕車者，兵車也，五御折旋，利於輕速；今之民間錙車，重大椎樸，以牛挽之，日不能行三十里，少蒙雨雪，則跬步不進，故俗謂之太平車，或可施於無事之日，恐兵間不可用耳。」上益喜曰：「無人如此作□者，朕當更思之。〔一〕」明日，遂罷籍民車。執政問括曰：「君以何術，而立談罷此事，上甚多太平車之説也。」括曰：「聖主可以理奪，不可以言争，若車可用，其敢以爲非。」括未幾遷知制誥。

司馬文正公在洛陽修史日，伊川先生程頤正叔爲布衣，年尚少，其見亦有時。今爲伊川學者以文正齋記中有曰「正叔」云，以爲字伊川者，非也，楚正議建中字正叔耳。〔二〕然伊川後用文正薦，勸講禁中，未幾罷去。先是，劉莘老論曰：「紛紛之論，致疑於程頤者，直以謂自古以來，先生處士，皆盗虚名，無益於用。若頤者，〔三〕特以迂闊之學，邀君索價而已。天下節義之士，樂道不出，如頤等輩，蓋亦不少，彼無所援於上，故不聞爾。」又以頤辭免爵命之言曰「前朝召舉布衣，故事具存，是頤之自欲爲种放，而亟欲得臺諫侍從矣，不可不察也。聖人自有中道，過之則偏，天下自有常理，背之則亂，伏望審真僞重名器」云云。孔文仲論曰：「頤在經筵僭横，造請權勢，騰口間亂，以償恩讎，致市井之間，目爲五鬼之魁，嘗令其助賈易彈吕陶，〔四〕及造學制詭謬，童稚嗤鄙」云云。又曰「頤汚下憸巧，素無鄉行，經筵陳説，僭横忘分，遍謁貴臣，歷造臺諫，宜放還田里，以示典刑」云云。劉器之論曰：「程頤、歐陽棐、畢仲游、楊國寶、孫朴交結執政子弟，搢紳之間號五鬼。」又曰「進言者必曰五鬼之號，出於流俗不根之言，何足爲據？臣亦有以折之，方今士大夫無不出入權勢之門，何當盡得鬼名？〔五〕惟其陰邪潛伏，進不以道，故程頤等五人獨被惡聲。孔子曰：『吾之於人也，誰毁誰譽？如有所譽，其有所試矣。』蓋人之毁譽，必以事驗之。今衆議指目五人，可謂毁矣，然推考其迹，則人言有不誣者，臣請歷陳其説，若程頤則先以罪去」云云。蘇子瞻奏則曰「臣素疾程頤之姦，形於言色。因頤教誘孔文仲，令以私意論事，爲文仲所奏，頤遂得罪」云云。又子瞻爲禮部尚書，取伊川所修學制，貶駮譏詆略盡。如蘇子瞻、劉莘老、孔文仲、劉器之，皆世之君子，其於伊川先生不同如此，至斥黨錮，則同在禍中。悲夫！

予爲校書郎時，嘗問趙丞相元鎮云：「張天覺者，首造元祐部黨之人也。靖康初，與范文正、司馬文正同追贈，天下已非之。公身任邪正之辯，既未能追改，更謚以文忠，是與蔡公齊、富公弼一等也可乎？」元鎮悵然曰：「蜀勾濤在從班游談，有司不肖，不能執法耳。」予見其有悔色，亦不復言。

某公在章獻明肅后垂箔日，密進唐武氏七廟圖，后怒抵之地曰：「我不作負祖宗事。」仁皇帝解之曰：「某欲但爲忠耳。」后既上賓，仁皇帝每曰：「某心行不佳。」後竟除平章事。蓋仁皇帝盛德大度，不念舊惡故也。自某公死，某公爲作碑誌，極其稱贊，天下無復知其事者矣。某公受潤筆帛五千端云。

王冀公久被真廟異眷。晚居政府，某州妖獄發，盡以中外士大夫與妖人往來歌詩聞，[六]有云「左僕射中書門下平章事王欽若」，真廟面責之，冀公辯數四，終不置，則頓首曰：「臣官工部尚書，安敢擅增至左僕射？此理明甚，而聖意終不解者無他，蓋臣福謝耳。」竟坐策免云。

范直方誦忠宣答德孺論邊事書云：「大輅與柴車争逐，明珠與瓦礫相觸，君子與小人鬭力，中國與夷狄較勝負，不唯不可勝，兼亦不足勝，雖勝，亦非也。」嗚呼！甚盛德之言也。范文正公曰：「吾遇夜就寢，即自計一日食飲奉養之費及所爲之事，果自奉之費與所爲之事相稱，則鼾鼻熟寐。或不然，則終夕不能安眠，明日必求所以稱之者。」

趙韓王微時，求唐太宗骨葬昭陵下。吕汲公帥長安，醴泉民析居，争唐明皇腦骨，訟於府，曰：得者富盛。汲公取葬泰陵下。

盧多遜南遷，度大庾嶺，憩一小家。其媪頗能語言，多遜詳問之。則曰：「我中州仕族，有子官亦浸顯，爲宰相盧多遜挾私遠竄以死。多遜中懷毒螫，專犯法禁，我留此嶺上以俟其過。」多遜之行甚窶，媪固不識，即倉皇避去。

蘇子由謫雷州，不許占官舍，遂僦民屋。章子厚又以爲強奪民居，下本州追民究治，以僦券甚明乃已。不一二年，子厚謫雷州，亦問舍於民。民曰：「前蘇公來，爲章丞相幾破我家，今不可也。」其報復如此。

錢塈德基爲予言：「吾家先王歷唐末、五季，有兹吴越，順事中國，不敢效他霸府之僭，恭俟真主之出，即奉版籍歸於職方氏。故自國朝以來，學士大夫以忠孝名吾家，無一議者。至歐陽公始云：『得封落星石爲落星山制書，知吴越亦嘗改元寶正，〔七〕著於史矣。』又歸田録書思公子弟，一歲四五竊公珊瑚筆格，幸其以錢贖之。若果然，何子弟之不肖也。」思公尹洛日，歐陽公出幕下，特以國士遇之，豈子弟中有不相驩者邪？

李王煜以太平興國三年七月七日生日，錢王俶以雍熙四年八月二十四日生日，皆與賜器幣，中使燕罷暴死。並見國史。

周世宗得李氏與契丹求援蠟書以爲名，下淮甸；藝祖得孟氏結太原蠟書以爲名，下蜀。二事正同。

漢唐宦者可謂盛矣，然官不至師保也。劉鋹有宦者七千餘人，始有爲師保者。

藝祖既縛鋹，以永鑒其禍，内侍不許過供奉官，又鋹之宫，輒名龍德云。

張侍中耆遺言厚葬，晏丞相殊遺言薄葬，二公俱葬陽翟。元祐中，同爲盗所發，侍中壙中，金玉犀珠充塞，盗不近其棺，所得已不勝負，皆列拜而去。丞相壙中，但瓦器數十，盗怒不酬其勞，斲棺取金帶，亦木也，遂以斧碎其骨。厚葬免禍，薄葬致禍，楊王孫之計疎矣。

蜀靖恭先生楊匯源澈，資介潔，生遠方，於朝廷故實、學士大夫譜牒皆能通貫，其於中國之士，范端明景仁、内翰純夫、尚書蘇子瞻、門下侍郎子由外，不論也。杜門委巷之下，著書賦詩，人無知者，獨予先君嘗薦於朝曰：「成都府布衣楊匯，學行甚高，志節甚苦，於本朝典禮、故家氏族、奇字異書，無所不知，杜門陋巷，若將終身。當崇尚廉恥招徠逸遺之日，如匯者，委棄遠方，誠爲可惜，伏望朝廷特加聘召。」亦不報。竟死於委巷之下。藏書萬籤，古金石刻本過六一堂中集古録所有者。〔八〕予校中祕書，間爲信安郡王孟仁仲言之。王一日侍上燕，語及靖恭先生事，上爲之一嘆，將詔予許其家以書、以金石刻本來上，會予謝病去。後先生之子知狀，乃盡以其書、其金石刻本，投一部刺史曰：「上久欲得此，爲我易一官如何？」部刺史知其不肖，紿曰：「諾。」盡私有之，遺以酒漿數壺耳。

歐陽公在政府，寄潁州處士常秩詩云：「笑殺汝陰常處士，十年騎馬聽朝雞。」公將休致，又寄秩詩云：「賴有東鄰常處士，披簑戴笠伴春鋤。」蓋公先爲潁州，得秩於民伍中，殊好之，至公休致歸，每接賓客，必返退士初服。秩已從王荆公之招，公獨朝章以見，愧之也。秩入朝極其諛佞，遂升次對。蚤日著春秋學數十卷，自許甚高，以荆公不喜春秋，亦絶口不言，匿其書不出。適兩河歲惡，有旨青苗錢權倚閣。王平甫戲秩曰：「君之春秋，亦權倚閣矣。」後神宗遇秩浸薄，荆公亦鄙之。秩失節，怏怏如病狂易，或云自裁以死。荆公尚表於墓，蓋其失云。

校勘記

〔一〕無人如此作□者朕當更思之　「作□者朕」，津逮本、學津本、曹本皆作「朕者」。

〔二〕正叔　「正」，津逮本、學津本均作「王」。按，楚建中字正叔，以正議大夫致仕。宋史卷三三一有傳。

〔三〕直以謂自古以來……若頤者　此二十二字，曹本無。

〔四〕助賈易彈吕陶　「易」原作「昜」，據津逮本、學津本改。按，賈易字明叔，元祐初彈劾吕陶。事見宋史卷三五五賈易傳。

〔五〕何當盡得鬼名 「當」，曹本作「嘗」。

〔六〕與妖人往來歌詩聞 「與妖人」，曹本作「爲妖又」。

〔七〕知吴越亦嘗改元寶正 「元」原作「年」，據津逮本、學津本改。

〔八〕古金石刻本 「金」，學津本、津逮本、曹本皆作「今」。

邵氏聞見後録卷第二十三

予舊從司馬氏得文正公熙寧年辭樞筦出帥長安日手藁密疏，公尋自免，絶口不復言天下事矣。其疏不見於傳家集。曰：「臣之不才，最出羣臣之下，先見不如吕誨，公直不如范純仁、程顥，敢言不如蘇軾、孔文仲，勇決不如范鎮。誨於安石始參政事之時，即指安石爲姦邪，謂其必敗亂天下；臣以爲安石止於不曉事與很愎爾，不至如誨所言。今觀安石援引親黨，磐據要津，擠排異己，占固權寵，〔一〕常自以己意陰贊陛下内出手詔以決外庭之事，使天下之威福在己，而謗議悉歸於陛下，臣乃自知先見不如誨遠矣。純仁與顥皆與安石素厚，安石拔於庶僚之中，超處清要，〔二〕純仁與顥覩安石所爲，不敢顧私恩廢公議，極言其短；臣與安石南北異鄉，取舍異道，臣接安石素疎，安石待臣素薄，徒以屢常同僚之故，私心眷眷，不忍輕絶而顯言之，因循以至今日，是臣不負安石而負陛下，臣不如純仁與顥遠矣。臣承乏兩制，逮事三朝，與國家義則君臣，恩猶骨肉，覩安石專政，逞其狂愚，使天下生民被荼毒之苦，宗廟社稷有累卵之危，臣畏懦愛身，不早爲陛下别白言之。軾與文仲皆踈遠小臣，乃敢不避陛下雷霆之威，安石狼虎之怒，上書對策，指陳其失，隳官獲譴，無所顧慮，此臣不如軾與文仲遠矣。人情誰不貪富貴，戀俸禄，鎮覩安石營惑陛下，以佞爲忠，以忠爲佞，以是爲非，以非爲是，不勝憤懣，抗章極言，因自乞致仕，甘受醜詆，杜門家居；臣顧惜禄位，爲妻子計，包羞忍恥，尚居方鎮，此臣不如鎮遠矣。臣聞居其位者必憂其事，食其禄者必任其患，苟或不然，是爲盗竊，臣雖無似，嘗受教於君子，不忍以身爲盗竊之行。今陛下唯安石之言是信，安石以爲賢則賢，以爲愚則愚，以爲是則是，以爲非則非；諂附安石者謂之忠良，攻難安石者謂之讒慝。臣之才識固安石之所愚，臣之議論固安石之所非，今日之所言，陛下之所謂讒慝者也，伏望聖恩，裁處其罪。若臣罪與范鎮同，則乞依范鎮例致仕；或罪重於鎮，則或竄或誅，所不敢逃。取進止。」

司馬文正公曰：「吕獻可之先見，吾不及也。」予慮後世得其言不得其事，惑也。有公門下士諫大夫劉安世器之書范景仁傳後，語可信，故書於下方：「熙寧中，王介甫初參大政，神考方厲精圖治。一日，紫宸早朝，二府奏事畢，日刻既晏，例隔言事官於中廡，須上入更衣復出，以次賛引。時吕獻可爲御史中丞，司馬文正公爲翰林學士，侍讀邇英閣，將趨經筵，相遇於庭中。文正公密問曰：『今日請見言何事邪？』獻可舉手曰：『袖中彈文，乃新參政。』〔三〕文正公愕然曰：『以王介甫之文學行藝，命下之日，衆皆喜於得人，奈何遽言之。』獻可正色曰：『安石雖有時名，上意所向，然好執邪見，不通物情，輕信難回，喜人佞己，聽其言則美，施於用則疎，若在侍從，猶或可容，置之宰輔，天下必受其禍。』文正公曰：『與公素爲心交，苟有所懷，不敢不盡。今日之論，未見有不善之迹，似傷悤遽，或别有章疏，願先進呈，姑留是事，更加籌慮可乎？』獻可曰：『上新嗣位，富於春秋，朝夕所與謀議者，二三執政而已，苟非其人，將敗國事，此乃心腹之疾，治之惟恐不及，顧可緩邪？』語未竟，閤門吏抗聲追班，遂趨而出。〔四〕文正公退自講筵，默坐玉堂，終日思之，不得其説。既而縉紳間浸有傳其章疏者，往往偶語竊議，譏其太過。未幾，聞中書置三司條例司，平日介甫之門，諂諛躁進之士悉辟召爲屬吏，朝夕相與謀議，以經綸天下爲己任，務變更祖宗法，斂民財以足國用，妄引用古書，蔽其誅剥之實；輔弼大臣異議不可回，臺諫從官力争不能奪，郡縣監司奉行微忤其意，則譴詘隨之，於是百姓騷然矣。然後前日之議者始愧仰嘆服，以爲不可及，而獻可終緣兹事，出知鄧州。嗚呼！行僻而堅，言僞而辯，記醜而博，順非而澤，唯孔子乃能識之，雖子貢之智有所不知也。方介甫自小官以至禁從，其學行名聲暴著於天下，士大夫識與不識，皆謂介甫不用則已，用之則必能興起太平。獻可獨不以爲然。已而考其行事，卒如所料。非明智不惑，出於世俗之表，何以臻此？易曰：『知幾其神矣乎？』幾者，動之微，吉之先見者也。獻可有焉。文正公退居洛陽，每論當世人物，必曰：『吕獻可之先見，范景仁之勇決，皆予所不及也。予心誠服之。』故作景仁傳。蓋景仁之勇決，得文正之傳而後明。獻可埋文，雖亦成於公手，然止載其平生大節，而自相論難之語不欲詳著，獻可先見，世莫有知者。予嘗從學於文正公，親聞其説，懼賢者正論遠識，遂將淪没而無傳，故書蜀公之傳，以貽樂善之君子云。」

紹聖以來，權臣挾繼述神宗爲變者，必先挾王荆公。蔡氏至以荆公爲聖人。天下正論一貶荆公，則曰：「非貶荆公也，詆神宗也，不忠於繼述也。」正論盡廢，鉤黨牢不可解，仁人君子知必爲異日之禍，其烈不可向，無計策以救。陳瓘瑩中流涕以問諫大夫劉安世器之曰：「叵奈何？」器之親受司馬文正公之學，膽智絶人，曰：「不自神宗，不自荆公不可救。」故瑩中反疏蔡氏所出荆公日録語中詆神宗事，曰尊堯集云。意上心不平於荊公，則蔡氏可伐，正論可出，鉤黨可解，異日之禍可救也，瑩中坐以流竄抵死。正論卒不出，鉤黨卒不解，異日之禍卒不可救者，天也。予讀其書而悲之，尚慮後世或不達瑩中本趣，但以爲鬭荊公之詆神宗者，故具言之。尊堯集文繁不著，著其序曰：「臣聞先王所謂道德者，性命之理而已矣。此安石之精義也。有三經焉，有字説焉，有日録焉，皆性命之理也。蔡卞、蹇序辰、鄧洵武等用心純一，主行其教，所謂大有爲者，亦性命之理而已矣；其所謂繼述者，亦性命之理而已矣；其所謂一道德者，亦以性命之理而一之也；其所謂同風俗者，亦以性命之理而同之也。不習性命之理謂之流俗，黜流俗則竄其人，怒曲學則火其書，故自卞等用事以來，〔五〕其所謂國是者皆出性命之理，不可得而動摇也。臣昨在諫省所上章疏，嘗以安石比於伊尹，伊尹聖人也，而臣迺以安石比之者，臣於此時猶蔽於國是故也。又臣所上章疏，謂安石爲神考之師也；神考，堯舜也。任用安石，止於九年而已矣。初任後棄，何嘗終以安石爲是乎？而臣迺以安石爲神考之師者，臣於此時猶蔽於國是故也。臣昨者以言取禍，幾至誅殛，賴陛下委曲保全，賜臣餘命，臣感激流涕，念念循省，得改過之義焉。蓋臣之所當改者亦性命之理而已矣。孔子曰：『乾道變化，各正性命。』

又曰：『地道無成，而代有終也。』性命之理，其有易此乎？臣伏見治平年中，安石唱道之言曰：『道隆而德駿者，雖天子北面而問焉，而與之迭爲賓主。』自安石唱此説以來，幾五十年矣，國是淵源，蓋兆於此。臣聞天尊地卑，乾坤定矣，定則不可改也，天子南面，公侯北面，其可改乎？今安石性命之理，迺有北面之禮焉。〔六〕夫天子北面以事其臣，則人臣南面以當其禮，臣於性命之理，〔七〕安得而不疑也。傳曰，君之所以不臣者二：當其爲祭主則弗臣，當其爲師則弗臣也。師無北面，則是弗臣之禮也，豈有天子而可使北面者乎？漢顯宗之於桓榮，所以事之者，可謂至矣，而所施之禮不過坐東鄉而已。迺以君而朝臣，以父而拜子，則是齊東野人之語，龐勛無父之禮，以此爲教，豈不亂名分乎？亂名分之教，豈可學乎？臣既誤學乎教，豈可以不悔乎？易曰：『不遠復，無祇悔，元吉。』臣於既往之誤，豈敢祇悔而不改乎？臣昔以安石爲神考之師，是臣重安石而輕神考也；臣昔以安石比伊尹之聖，是臣戴安石而誣陛下也。臣爲陛下耳目之官，而妄進輕許之言，臣之罪惡如丘山矣。臣若不洗心自新，痛絶王氏，則何以明改過之心乎？臣所著尊堯集者，爲欲明改過之心而已矣。莊周曰：『明此以南鄉，堯之爲君；明此以北面，舜之爲臣也。』莊周之道虚誕無實，不可以治天下，然於名分之際，不敢不嚴也。飛蜂走蟻，猶識上下，豈可以人臣自聖，而至於缺名分哉！孔子曰：『名不正則言不順，言不順則事不成。』安石北面之言可謂之順乎？崇此不順之教，則所述熙豐之事，何日而成乎？廢大法而立私門，啟攘奪而生後患，可爲寒心，孰大於此，臣請序而言之。昔紹聖史官蔡卞專用王安石日録，以修神考實録，薄神考而厚安石，尊私史而壓宗廟。臣居諫省，請改裕陵實録，及在都司，進日録辨，當是之時，臣於日録，未見全帙，知其爲私史而已，未知其爲增史也。自去闕以來，尋訪此書，偶得全編，遂復周覽，竄身雖遠，不廢討論。路過長沙，曾留轉藏之語；待盡合浦，又著垂絶之文。考詆誣譏玩之詞，見蔡卞增僞之意，尚謂安石趣録，皆可憑據，卞之所增，迺是誣僞，當是之時，臣於日録考之未熟，知其爲增史而已，未知其爲悖史也。蓋由臣智識昏鈍，覺悟不早，追思諫省奏章，乃至合浦舊述，語乖正理，隨俗妄談，既輕神考，又誑陛下，若它時後日，陛下以此怒臣，臣將何以自救，敢不悔乎？日録云『卿，朕師臣也』，迺安石矯造之言。又云『督責朕有爲』，豈神考親發之訓。既託訓以自譽，又託訓以輕君。輕君則訕侮譏薄，欲棄名分；自譽則驕蹇陵犯，前無祖宗。其語實繁，聊舉一二。日録云：『朕自覺材極凡庸，恐不足與有爲，恐古之賢君皆須天資英邁。』〔八〕此非託訓以輕君乎？又云：『朕頑鄙，初未有知，自卿在翰林，始得聞道德之説，心稍開悟。』此非託訓以輕君乎？又云：『卿初任講筵，勸朕以講學爲先，朕意未知以此爲急。』此非託訓以輕君乎？又云：『卿莫只是爲在位久，度朕終不足與有爲，故欲去。』此非託訓以輕君乎？又云：『所以爲君臣者，形而已矣，形故不足累卿。』此非託訓以輕君乎？訕侮譏薄，欲棄名分，可以略見於此矣。日録又云：『王安石造理深，能見得衆人所不能見。』此託訓以自譽也。又云：『如王安石不是智識高遠精密，不易抵當流俗，天生明俊之才，可以庇覆生民。』此託訓以自譽也。又云：『卿無利欲，無適莫，非獨朕知卿，人亦盡知，若餘人安可保？』此託訓以自譽也。又云：『卿才德過於人望，朕知卿了得事有餘。』此託訓以自譽也。驕蹇陵犯，前無祖宗，可以略見於此矣。聖主以奉先爲孝，羣臣以承上爲忠，明知其誣，誰敢覈實，則可以抵塞衆口，可以熒惑聖聰，誑脅之術，莫甚於此。始則留身乞批，以脅制於同列；終則著書矯訓，以傳述於後人。誣脅臣鄰，何足縷道；上干君父，可不辨乎？自到闕以來，至爲參政之始，不録經筵之款奏，但書七對之游辭。載神考降問之咨詢，無一問仰及於三代。言神考但慕蜀魏，謂厥身不異臯伊。仍於供職之初辰，首論理財之不可，恐宣利而壞俗，陳孟子之恥言。凡它人極論之辭，掠爲己説；彼所獻管商之術，歸過先猷。書神考之謙辭，則曰：『以朕比文王，豈不爲天下後世笑！』論太祖之征伐，則曰：『江南李氏何嘗理曲。』恣揮躁悖之筆，盡爲烈考之詞，矯訓誣天，孰甚於此。祖宗之威靈如在，聖主之繼述日新，若不辨託訓之誣，何以解天下之怒！而況託訓之外，肆詆尤多：神考小心慎微，彼則曰『好察細務』；神考畏天省事，彼則曰『畏慎過當』；神考欲除苛細之法，彼則曰『元首叢脞』；神考欲寬疑似之獄，彼則曰『陛下含糊』；神考禮貌勳賢，彼則曰『含容姦慝』；神考嘉納忠直，彼則曰『不懲小人』。又謂『姦罔之徒，陛下能誅殺否？』比忠良於元濟，責神考爲憲宗；謂不可以罷兵，當必勝而後已。神考守祖宗不殺之戒，以天地好生爲心，厭棄其言，眷待寖薄，先逐鄧綰，次出安石，至於熙寧之末，而安石前日之所怒者復見收矣。至於元豐之末，司馬光等前日之所言者復見思矣。卞等不遵神考末命，但務圖己之私；以繼紹安石爲心，以必行誅殺爲事。請於哲宗，而哲宗不許；請於陛下，而陛下拒之。人心歸仁，天助有德，遂使姦謀内潰，逆黨自彰。卞既不敢居金陵，人亦不復聖安石，悔從王氏，豈獨臣哉？朝廷搢紳，協心享上；庠序義士，理所同然；科舉藝能，孰肯遽陳其所藴？有用之士，亦將先忍而後爲。變王氏誣君之習，合春秋尊王之義。濟濟多士，何患無人！又況安石所施，其事既往，若不自述於文字，後日安知其用心？〔九〕著爲此書，天使之也。且安石著書之意，豈是便欲施行？卞所安排，非無次序，自謂舉無遺策，何乃急於流傳，宣示遠近，不太速乎？然則流傳之速，天促之也。天之右序我宋而不助王氏，〔一〇〕亦可知也。如臣昔者，妄推安石謂之聖人，如視蟻垤以爲泰山，如指蹄涔以爲大海。易言無責，鬼得而誅，駟不可追，齰舌何補？聖人，人倫之至也，傲上亂倫，豈聖人乎？聖人，百世之師也，教人誣僞，豈聖人乎？孔子，集大成也，尚以不居爲謙；光武，有天下者也，猶下禁言之詔。豈可身處北面人臣之位，而甘受子雱驕僭之名乎？雱出安石畫像贊曰：『列聖垂教，參差不齊，集厥大成，光乎仲尼。』蔡卞大書之，刊於石，與雱所撰諸書經義並行於世。臣昔以答義應舉，析字談經，方務趣時，何敢立異？改過自新，請自今始。於是取安石日録編類得六十五段，釐爲八門：一曰聖訓，二曰論道，三曰獻替，四曰理財，五曰邊機，六曰論兵，七曰處己，八曰寓言。事爲之論，又於逐門總而説之，凡爲論四十有九篇，合二門爲一卷，并序共爲五卷。臣以憂患之餘，精力困耗，披文索義，十不得一；加以海隅衰陋，人無賜書，神考御集，無由恭閲；又日録與御批日曆、時政記抵捂同異，無文可考，欲校不得，但專據私書，略分真僞，不能盡究底藴，亦可以闕其大概矣。凡臣之所論，以紹述宗廟爲本，以辯明聖訓爲先，蓋所述在彼則宗廟不尊，誣語未判則真訓不白，何以光揚神考有爲之心，何以將順陛下述事之志？凡今之士，學古入官，身雖未試於朝廷，心亦不忘於畎畝，戴天履地，寧忍同誣，日拙心勞，徒唱爾僞，犯古今之公議，極典籍之所非，陰奉竄言，顯違格訓。安石欲置四輔，神考以爲不可，神考欲建都省，安石以爲不可，然今則四輔成矣，都省毁矣，道路爲之流涕，聖哲能不痛心！人皆獨非於蔡京，〔二〕安知謀發於蔡卞？至於宿衞之法，亦敢更張；變亂舊規，創立三衞。用私史包藏之計，據新經穿鑿之文；以畏憚不改爲非，以果斷變易爲是。按書定計，以使其兄當面贊成；退而竊喜，京且由之而不悟，他人豈測其用心？事過而闕，蹤跡方露；賫咨痛恨，雖悔何追？在私家何足備論，於國事豈宜如此？謂溏濼未必有補，可以決水爲田；謂河北要省民徭，可以減州爲縣。至於言江南利害，則曰州縣可析；論兵民將領，則曰奬拔豪傑。四海本是一家，何爲分彼分此？大法無過宿衞，安得率爾動摇。棄舊圖新，厥意何在？昔元祐更張之始，方安石身没之初；衆皆獨罪於惠卿，或以安石爲朴野；優加贈典，欲鎮浮薄；司馬光簡尺具存，吕惠卿責詞猶在。深懲在列，曲恕元台。凡同時論之人，無一人指黜安石，往往言章疑似，或干裕陵。致卞以闚伺爲心，包藏而待；潤色誣史，增汙忠賢。凡愠懟曾布之言，與怒詈惠卿之語，例皆刊削，意在牢籠。欲使共述私書，將欲濟其大欲。布等在其術内，卞計無一不行。良由議贈之初，不稽其弊；若使早崇名分，何至横流？司馬光誤國之罪，可勝言哉！臣聞熙寧之初，論安石之罪，中其肺肝之隱者，吕誨一人而已；熙寧之末，論安石之罪，中其肺肝之隱者，惠卿一人而已。吕誨之言曰：『大姦似忠，大佞似信，外視樸野，中藏巧詐，驕蹇傲上，陰賊害物。』吕惠卿之言曰：『安石盡棄素學，而隆尚縱横之末數，以爲奇術。以至譖愬脅持，蔽賢黨姦，移怒行很，方命矯令，罔上要君，凡此數惡，莫不備具。雖古之失志倒行而逆施者，殆不如此。平日聞望，一旦埽地，不知安石何苦而爲此也。謀身如此，以之謀國，必無遠圖，而陛下既以不可少，而安石之罪固未易言。』又曰：『平日以何如人遇安石，安石平日以何等人自任，不意窘急，乃至如此。』又曰：『君臣防閑，豈可爲安石而廢哉？』又曰：『臣之所論，皆中其肺肝之隱。』臣某竊謂：元祐臣僚，於吕誨之言則譽之太過，於惠卿之言則毀之太過。此二臣者趣向雖異，至於論安石之罪，獻忠於神考，則其言一也。豈可專譽誨而毀惠卿乎？偏毀惠卿，此王氏之所以益熾也。元祐之偏，可不鑒哉！臣竊以天下譬如一舟，舟平則安，偏則危，臣之以言取禍，初緣此語。然臣自視此語，猶野人之視芹也，切於愛君，又欲以獻。前日之欲殺臣者，必亦瞋目矣。然臣之肝腦，本是報國之物。臣若愛吝此物，則陛下不得聞安石之罪矣；陛下不得聞安石之罪，則人之利害咸在矣。爲我宋之臣豈得不思乎？迺者天子幸學，拜謁宣尼，本朝故臣，坐而不立，躋此逆像，卞唱之也。輔臣縱逆而養交，禮官舞禮而行諂。僭自内始，達於四方，萬國寒心，外夷非笑。鶩冕夷俟，載籍所無，屨加於冠，何以示訓？自有中國以來，五品不遜，未有此比。然則觀此一像，而八十卷之大概可以未讀而知矣。蔡氏、鄧氏、薛氏皆立安石之像，祠於家廟，朝拜安石而頌曰：『聖矣，聖矣！』暮拜安石而頌曰：『聖矣，聖矣！』國學，風化之首也，豈三家之家廟乎？故曰：廢大法而立私門，啓攘奪而生後患，可爲寒心，莫大於此。尊君愛國之士，孰敢以此爲是乎？是非之心，人皆有之。極天下之非，而可以謂之國是乎？嗚呼，講先王之道，而以咈百姓爲先；論周公之功，而以僭天子爲禮。咈民歲久，蠹國日深，僭語爲胎，遂産逆像；以非爲是，態度日移，廢道任情，今甚於昔。昔者，初立國是，使惇行之；惇既竄逐，移是於布；布又竄逐，移是於京。三是皆發於卞謀，三臣同歸於誤國。然則果國是乎？果卞是乎？若以卞是爲是，則操心頗僻，賦性姦回，如鄧綰者，不當逐也；若以卞是爲是，則以塗炭必敗之語詆誣神考，如常立者，不當竄也。神考逐綰，可以見悔用安石之心；哲宗竄立，可以見斥絶安石之意。兩朝威斷，天下皆以爲至明；陛下揚光，〔三〕亦以去卞爲急務。埽除舊穢，允協人心，布澤日新，上合天意。欒於將順，搢紳所聞，夢闕馳誠，名限疎遠。彼元祐、元符之籍，雖漸絶弛，而人尚未見用；應詔上書之罪，雖已釋放，而士猶在沮辱。沮辱者不可復問，未用者當自退藏，其餘雖在朝廷，或非言路，明哲之士，又務保身，縱有強聒之流，且無私史之隙。唯臣因論私史，禍隙至深，得存餘命，全由獨斷。臣之所以報國者，敢不勉乎！兼臣年老病多，決知處世難久，與其賫志於没後，孰若取義於生前。義在殺身，志惟尊主，故臣所著日録辯，名之曰四明尊堯集云。」

校勘記

〔一〕占固權寵　「占」，津逮本、學津本、曹本皆作「以」。

〔二〕超處清要　「超」，曹本作「起」。

〔三〕乃新參政　「政」原作「也」，據津逮本、學津本、曹本改。

〔四〕遂趨而出　「出」原作「去」，據津逮本、學津本改。

〔五〕故自卞等用事以來　「卞」原作「下」，據津逮本、學津本改。按，上文謂蔡卞、蹇序辰、鄧洵武等爲者亦性命之理。此「卞等」似指蔡卞等人。

〔六〕北面之禮　「禮」，曹本作「言」。

〔七〕性命之理　「理」原作「禮」，據津逮本、學津本改。

〔八〕恐古之賢君　「恐」，曹本作空一格。

〔九〕後日安知其用心　「日」，津逮本、學津本、曹本皆作「人」。

〔一〇〕天之右序我宋而不助王氏　「右序」，曹本作「佐于」。

〔一一〕蔡京　「蔡」，津逮本、學津本、曹本皆作「一」。

〔一二〕陛下揚光　「揚光」，津逮本、學津本、曹本皆作「光揚」。

邵氏聞見後録卷第二十四

晁説之以道，其姓名蚤列東坡先生薦賢中。崇寧初，又以應詔言事，編部黨者，三十暑寒不赦。淵聖帝元年起入西掖，典制命，獨以上輩舊學遇之，其初見帝之言，亦陳瑩中尊堯之意也。曰：「臣竊以謂善觀聖帝明君成天下之業者，不觀其迹而觀其志。恭惟神宗皇帝，巍巍然之功在天下者，孰不覩矣。其末年所以爲天下後世慮者，未易爲單見淺聞道也。神宗皇帝即位之初，卻韓琦論新法之疏，至於再三。逮琦之薨，與兩宫震悼，躬製神道碑，念之不已，每對臣僚，稱琦爲社稷之臣。方即位初時，深欲相富弼，弼辭以疾，退居洛陽。弼在洛陽多以手疏論天下大利害，皆大臣之所不敢言者。神宗欣然開納，賜以手札曰：『義忠言親，理正文直，苟非意在愛君，志存王室，何以臻此？敢不置之枕席，銘諸肺腑，終老是戒，更願公不替今日之志，則天災不難弭，太平可立俟也。』嘗因王安石有所建明，而卻之曰：『若如此，則富弼手疏稱「老臣無處告訴，但仰屋竊嘆」者，即當至矣。』弼之薨，神宗躬製祭文，有曰：『言人所難，議定大策，謀施廊廟，澤被四方，他人莫得而預也。』又其即位之初也，獨以潁邸舊書賜司馬光，〔二〕逮光不願拜樞臣之命，而歸洛陽，修資治通鑑，隨其所進，命經筵讀之，其讀將盡而所進未至，即詔趣之。熙寧中，初尚淄石硯，乃躬擇其尤者賜光，其書成，賜帶，乃如輔臣品數賜之。嘗因蒲宗孟論人材，乃及光曰：『未論别，只辭樞密一節，自朕即位來，唯見此一人。』在元豐末，靈武失利，神宗當宁慟哭，大臣不敢仰視。已而嘆曰：『誰爲朕言有此者？』乃復自發言曰：『唯吕公著數爲朕言之，用兵不是好事。』豈咎公著常争新法不便於熙寧初哉？元豐之末，將建太子，慎求宫僚，神宗宣諭輔弼，獨得司馬光、吕公著二人，於王安石、吕惠卿何有哉？至厭薄代言之臣，謂一時文章不足用，思復辭賦，章惇猶能爲蘇軾道上德音也。經筵蔡卞愈爲恍惚蕩漾之説，上意殊不在；逮趙彦若以經侍，則皆忠實純朴之言也。上聽之喜，因問曰：『安得此説？』彦若對曰：『先儒傳注，臣得以發之。』上益喜。其在政事，因韓絳自請前日謬於敷奏之罪，乞旨改正。上欣然嘆曰：『卿不遂非甚好，若是王安石，則言害臣之道矣。』元豐末，不得已創爲户馬之説，神宗俯首嘆曰：『朕於是乎愧於文彦博矣。』王珪等請宣德音，復曰：『文彦博頃年争國馬不勝，乃奏曰：陛下十年後必思臣言。』珪因奏曰：『罷去祖宗馬監，是王安石堅請行之者，本非陛下意也。』上復嘆曰：『安石相誤，豈獨此一事！』安石在金陵見元豐官制行，變色自言曰：『許大事，安石略不得預聞。』安石漸有畏懼上意，則作前後元豐行，以諂諛求保全也。先是，安石作詩義序，極於諂諛，上却之，令別撰，今所施行者是也。神宗聞安石之貧，命中使甘師顔賜安石金五十兩。安石好爲詭激矯厲之行，即以金施之定林僧舍，師顔因不敢受常例，回，具奏奏之，上諭御藥院牒江寧府，於安石家取甘師顔常例。安石約吕惠卿，無令上知一帖，惠卿既與安石分黨，乃以其帖上之；上問熙河歲費之實於安石，安石喻王韶，不必盡數以對，韶既叛安石，亦以安石言上之。不知自昔配饗大臣，嘗有形迹如此之類乎？安石不學孔子春秋而配饗孔子，晚見薄於神宗而配饗神宗，無乃爲國家政事之累乎？神宗一日盡釋市易務禁錮保人在京師者，無慮千人，遠近聞之，罔不手足舞蹈驩喜。神宗嘗恨市易法曰：『百姓家大富者，猶不肯圖小利，國家何必屑屑如此邪？』嗚呼，上天若賜眷祐神宗，更在位數年，則市易法之類，躬自埽除之，不使後日議者紛紛，知爲謀而不知爲聖君之累乎？有志之士，痛心疾首，不能已者，政爲是也。陛下圖治之初，近當奉上皇求言之詔，遠當成神宗晚歲之志，則天下幸甚。」

洛陽名公卿園林，爲天下第一。裔夷以勢役祝融回禄，盡取以去矣。予得李格非文叔洛陽名園記，讀之至流涕。文叔出東坡之門，其文亦可觀，如論「天下之治亂，候於洛陽之盛衰；洛陽之盛衰，候於園囿之興廢」。其知言哉！故具書之左方云。

富鄭公園

洛陽園池多因隋唐之舊，獨富鄭公園最爲近闢而景物最勝。游者自其第西出探春亭，登四景堂，則一園之勝景顧可覽而得；南渡通津橋，上方流亭，望紫筠堂而還；右旋花木中百餘步，走蔭樾亭、賞幽臺，抵重波軒而止；直北走土筠洞，自此入大竹中。凡謂之洞者，皆軒竹丈許，引流穿之，而徑其上。横爲洞一，曰土筠；縱爲洞三，曰水筠，曰石筠，曰榭筠。歷四洞之北，有亭五，錯列竹中，曰叢玉，曰披風，曰猗嵐，曰夾竹，曰兼山。稍南有梅臺，又南有天光臺，臺出竹木之杪，遵洞之南而東，還有卧雲堂，堂與四景堂相南北，左右二山，背壓通流，凡坐此，則一園之勝可擁而有也。

鄭公自還政事歸第，一切謝絶賓客，燕息此園幾二十年，亭臺花木皆出其目營心匠，故逶迤衡直，閫爽深密，曲有奥思。

董氏西園

董氏西園，亭臺花木，元不爲行列區處，疑因景物歲增月葺所成。自南門入，有堂相重者三：稍西一堂，在大池間；逾小橋，有高臺一；又西一堂，竹環之，中有石芙蓉，水自其花間湧出，開軒窗，四面甚敞，盛夏燠暑，不見畏日，清風忽來，留而不去。幽禽静鳴，〔三〕各誇得意。蓋山林之景，而洛陽城中，遂得之於此。午路抵池，〔三〕池南有堂，面高亭，堂雖不宏大，而屈曲甚邃，游者至此往往相失。豈前世所謂「迷樓」者？元祐中，有留守喜宴集於此。

董氏東園

董氏以財雄洛陽，元豐中，少縣官錢，盡籍入田宅。城中二園因蕪壞不治，然其規模尚足稱賞。東園北鄉，入門有栝可十圍，實小如松實，而甘香過之。有堂可居，董氏盛時，載歌舞游之，醉不可歸，則宿此數十日。南有敗屋遺址，獨流杯、寸碧二亭尚完。西有大池，中有堂，榜曰「含碧」。水四面噴瀉池中，而陰出之，故朝夕如飛瀑，而池不溢。洛人盛醉者，登其堂輒醒，故俗目爲「醒酒」也。

環溪

環溪，王開府宅園。其潔華亭者南臨池，池左右翼而北，過涼榭，復匯爲大池，周回如環，故云。榭南有多景樓，以南望，則嵩高、少室、龍門、大谷，層峰翠巘，畢效奇於前；榭北有風月臺，以北望，則隋唐宫闕樓臺，千門萬户，岧嶢璀璨，亘十餘里；凡左太冲十年極力而賦者，可一目而盡也。又西有錦廳秀野臺，園中樹松檜花木千株，皆品別種列。除其中爲島嶼，上可張樂，各時其盛而賞之。涼榭、錦廳，其下可坐數百人，宏大壯麗，洛中無逾者。

劉氏園

劉給事園亭堂，〔四〕高卑制度，適愜可人意。有知木經者見云：近世建造，率務峻立。故居者不便而易壞，唯此堂正與法合。西有臺尤工緻，方十許丈地也。樓横堂列，廊廡回繚，欄楯周接，木映花承，無不妍穩，洛人目爲「劉氏小景」。今析爲二，不能與他全園争矣。

叢春園

今門下侍郎安公買於尹氏。岑寂而高木森然，桐梓檜柏，皆就行列。其大亭有叢春亭，高亭有先春亭，出荼蘼架上，北可望洛水，蓋洛水自西洶湧奔激而東。天津橋者，疊石爲之，直力湇其怒，而納之於洪下，洪下皆大石底，與水争，噴薄成霜雪，聲數十里。予嘗窮冬月夜登是亭，聽洛水聲。久之，覺清洌侵人肌骨，不可留，乃去。

校勘記

〔一〕潁邸　「潁」原作「穎」，據學津本改。按，宋史卷一四神宗紀云：「治平元年六月，進封潁王。」

〔二〕幽禽静鳴　「静」，津逮本、學津本、曹本作「間」。

〔三〕午路抵池　「午」，學津本作「小」。

〔四〕劉給事園亭堂　「亭」，津逮本、學津本、曹本皆作「凉」。按，洛陽名園記作「劉給事園凉堂」。

邵氏聞見後録卷第二十五

天王院花園子

洛陽花甚多種，[一]而獨名牡丹曰花王。[二]凡園皆植牡丹，[三]而獨名此曰花園子，蓋無他池亭，獨有牡丹數十萬本。凡城中賴花以生者，畢家於此。至花時張幄幕，列市肆，管絃其中，城中士女，絶煙火游之。過花時則復爲丘墟，破垣遺竈相望矣。今牡丹歲益滋，而姚魏花愈難得，魏花一枝千錢，姚黄無賣者。

歸仁園

歸仁，其坊名也，園盡此一坊，廣輪皆里餘。北有牡丹、芍藥千株，中有竹百畝，南有桃李彌望。唐丞相牛僧孺園七星檜，其故木也，今屬中書李侍郎，方剏亭其中。

河南城方五十餘里，中多大園池，而此其冠。

苗帥園

節度使苗侯既貴，欲極天下佳處，卜居得河南；河南園宅又號最佳處，得開寶宰相王溥園，遂購之。園既古，景物皆蒼然，復得完力藻飾出之，於是有欲憑凌諸園之意矣。園故有七葉二樹，對峙高百尺，春夏望之如山，今剏堂其北；竹萬餘竿，比其大滿二三圍，疏密琅玕，如碧玉椽，今剏亭其南；東有水，自伊水來，可浮十石舟，今剏亭壓其溪；有大松七，今引水澆之；有池宜蓮荷，今剏水軒，板出水上；對軒有橋亭。制度甚雕侈，〔四〕然此猶未盡得之。丞相故園水東，爲直龍圖閣趙氏所得，亦大剏第宅園林，其間稍北曰「郟鄏陌」，列七丞相第，文潞公、程丞相第旁有池亭，尚不可與趙韓王園比。

趙韓王園

趙韓王宅園，開國初，詔將作營治，其經畫制作，殆侔禁省。韓王以太師歸是第，百日而薨。子孫皆家京師，罕居之。故園池亦以扃鑰爲常，高亭大榭，〔五〕花木之淵，〔六〕歲時獨厮養擁彗負畚插其間而已。蓋天之於宴閑，每自吝惜，疑甚於聲名爵位。

李氏仁豐園

李衛公有平泉花木記，百餘種爾。今洛陽良工巧匠，批紅判白，接以他木，與造化爭妙，故歲歲益奇且廣。桃、李、梅、杏、蓮、菊，各數千種，〔七〕牡丹、芍藥，至數百種，而又遠方異卉，如紫蘭、茉莉、瓊花、山茶之儔，號爲難植，獨植之洛陽，輒與其土産無異，故洛中園圃，花木有至千種者。甘露院東李氏園，人力甚治，而洛中花木無不有，中有四并，迎翠、濯纓、觀清、超然四亭。

松島

松、柏、樅、杉、檜、栝皆美木，洛陽獨愛栝而敬松。松島者，數百皆松也。[八]其東南隅雙松尤奇，在唐爲袁象先園，本朝屬李文定丞相，今屬吴氏，傳三世矣。頗葺亭榭池沼，植竹木其旁，南築臺，北修堂，東北道院。又東有池，池前後爲亭臨之。自東大渠引水注園中，清泉細流，涓涓無不通處，在它郡尚無有，洛陽獨以其松名。

東田[九]

文潞公東田，本藥圃，地薄東城，水渺瀰甚廣，泛舟游者，如在江湖間也。淵映、瀍水二堂，宛宛在水中，湘膚、藥圃二堂間之，[一〇]西去其第里餘。今潞公官太師，年九十，尚時杖屨游之。

紫金臺張氏園[一]

自東田並城而北，張氏園亦饒水而富竹，有亭四。河圖志云：「黄帝坐玄扈臺。」[二]郭璞云：「在洛汭。或曰，此其處也。」

水北胡氏二園

水北胡氏二園，相距十許步，在邙山之麓，瀍水徑其旁，因岸穿二土竇，深百餘尺，堅完如埏埴，開軒窗其前，以臨水上，水清淺則鳴漱，湍暴則奔駛，皆可喜也。有亭榭花木，率在二竇之東，凡登覽而惝恍，俯瞰而峭絶，天授地設，不待人力而巧者，洛陽獨有此園爾。但其亭臺之名，皆不足載，載之且亂實，如其臺四望盡百餘里，而縈伊繚洛乎？其間林木紛槪，[三]雲煙掩映，高樓曲榭，時隱時見，使畫工極思不可圖，而名之曰翫月臺。有庵在松檜藤葛之中，闢旁牖，則臺之所見，亦畢陳於前，而名之曰學古菴。其失皆此類。

大字寺園

大字寺園，唐白樂天園也。樂天云「吾有第在履道坊，五畝之宅，十畝之園，有水一池，有竹千竿」者是也。今張氏得其半，爲會隱園，水竹尚在洛陽，但以其圖考之，則凡曰某堂有某水，某亭有某木，至今猶在，而曰堂曰亭者，無復彷彿矣。豈因於天者可久，[四]而成於人力者不足恃也，寺中樂天刻尚多。

獨樂園

司馬公在洛陽自號迂叟，謂其園曰獨樂園。園卑小，不可與他園班。其曰讀書堂，數椽屋，澆花亭者，益小；弄水種竹軒者，尤小；見山臺者，高不過尋丈；其曰釣魚庵、採藥圃者，又特結竹梢蔓草爲之。公自爲記，亦有詩行於世，所以爲人欽慕者，不在於園爾。

湖園

洛人云：「園圃之勝，不能相兼者六：務宏大者少幽邃，人力勝者乏閑古，多水泉者無眺望。能兼此六者，唯湖園而已。」予嘗游之，信然。在唐爲裴晉公園，園中有湖，湖中有洲，曰百花湖。北有堂曰四并，其四達而旁東西之蹊者，桂堂也。截然出於湖之右者，迎暉亭也。過横池，披林莽，循曲徑而後得者，梅臺知止庵也。自竹徑望之超然，登之脩然者，環翠亭也。渺渺重邃，尤擅花卉之盛，而前據池亭之勝者，翠樾軒也。其大略如此。若夫百花酣而白晝瞑，青蘋動而林陰合，水静而跳魚鳴，木落而羣峰出，雖四時不同，而景物皆好，則又不可殫記者也。

吕文穆園

伊洛二水，自東南分，徑入城中。而伊水尤清澈，園亭喜得之，若又當其上流，則春夏無枯涸之病。吕文穆園在伊水上流，木茂而竹潤，有亭三：一在池中，二在池外，橋跨池上相屬也。

洛陽又有園池中一物特有稱者，如大隱莊梅，楊侍郎園流杯，師子園師子是也。梅蓋早梅，香甚烈而大，説者云：大庾嶺梅移其本至此；流杯水雖急，不旁觸爲異；師子非石也，入地數十丈，或以地考之，蓋武后天樞銷鑠不盡者也。舍此又有嘉猷、會節、恭安、溪園，皆隋唐官園，雖已犁爲良田，樹爲桑麻矣。然宫殿池沼，與夫一時會集之盛，遺俗故老，猶有識其所在，而道其廢興之端者。游之，亦可以觀萬物之無常，覽時事之倏來而忽逝也。

李格非曰：「洛陽處天下之中，挾殽澠之阻，當秦隴之襟喉，而趙魏之走集，蓋四方必争之地也。天下常無事則已，有事則洛陽先受兵。余故曰：洛陽之盛衰者，天下治亂之候也。方唐貞觀開元之間，公卿貴戚開館列第於東都者，號千有餘所，及其亂離，繼以五季之酷，其池塘竹樹，兵車蹂踐，廢而爲丘墟；高亭大榭，煙火焚燎，化而爲灰燼；與唐共滅而俱亡者，無餘家矣。〔三五〕余故曰：園囿之興廢者，洛陽盛衰之候也。且天下之治亂，候於洛陽之盛衰而知；洛陽之盛衰，候於園囿之興廢而得。則名園記之作，余豈徒然哉！嗚呼，公卿大夫，高進於朝，放乎以一己之私自爲，而忘天下之治，忽欲退享此，得乎？唐之末路是也。」

予昔遊長安，遇晁以道赴守成州，同至唐大明宫，登含元殿故基。蓋龍首山之東麓，高於平地四十餘尺，南向五門，中曰丹鳳門，正面南山，氣勢若相高下，遺址屹然可辨。自殿至門，南北四百餘步，東西五百步，爲大庭，殿後彌望盡耕爲田。太液池故迹尚數十頃，其中亦耕矣。明日，追隨以道入咸陽，〔二六〕至漢未央、建章宫故基，計其繁夥宏廓，過大明遠甚，其兼制夷夏，非壯麗無以重威，可信也。又明日，至秦阿房宫一殿基，東西五百步，南北五十丈，所謂上可坐萬人，下可建五丈旗，周馳爲閣道，直抵南山表，山之巔爲闕者，視未央、建章，又不足道。縣令張琦者言：「如周之鎬京、豐宫、靈臺、明堂、辟水，地亦相邇；唯靈臺可辨，其崇才二十尺，宫殿則無復遺址。」以道太息曰：「詩所謂『經始勿亟，庶人子來』者，其專以簡易儉約爲德，初不言形勝富强，益知仁義之尊，道德之貴。彼阻固雄豪，皆生於不足，秦漢唐之迹，更可羞矣。」予追記其言，有可感者，故具書之。

校勘記

〔一〕洛陽花甚多種　「洛陽」，津逮本、學津本、曹本皆作「洛中」。

〔二〕獨名牡丹曰花王　原無「王」字，據學津本補。按，牡丹又名花王，洛陽名園記作「花王」。

〔三〕凡園皆植牡丹　「凡」字原無，據學津本補。

〔四〕制度甚雕侈　「雕」，學津本作「雄」。

〔五〕高亭大榭　「榭」原作「樹」，據津逮本、學津本改。按，下文「李格非曰洛陽處天下之中」條，謂「高亭大榭」，則作「榭」是。

〔六〕花木之淵　學津本於「淵」下有「藪」字。

〔七〕各數千種　「千」，學津本作「十」字。

〔八〕數百皆松也　「皆」，津逮本、學津本、曹本皆作「年」。

〔九〕東田　學津本作「東園」。按，洛陽名園記作「東園」。

〔一〇〕湘膚藥圃二堂間之　「膚」，津逮本、學津本均作「廬」。「二堂」原作「一堂」，從津逮本、學津本、曹本改。

〔一〕紫金臺張氏園　原作一條起句，今據學津本改爲題目。按，洛陽名園記、古今逸史均另行作題目。

〔二〕黄帝坐玄扈臺　「黄帝」原作「云帝」，據學津本改。按，洛陽名園記、古今逸史皆作「黄帝坐玄扈臺」。

〔三〕林木紛概　「紛概」，學津本作「薈蔚」。

〔四〕天者　津逮本、學津本、曹本皆作「天理者」。

〔五〕無餘家矣　「家」，曹本無。按，洛陽名園記作「無餘處矣」。

〔六〕追隨以道入咸陽　「追隨」，曹本作「進路」；津逮本、學津本均作「追路」。

邵氏聞見後録卷第二十六

客有云：昔罷兖州掾曹，與一二友人祠岱嶽，因登絶頂，行四十里，宿野人之廬，前有藥竈，地多鬼箭、天麻、玄參之類。約五鼓初，各杖策而東，僅一二里，至太平頂，叢木中有真廟東封壇遺址，擁褐而坐，以伺日出。久之，星斗漸稀，東望如平地，天際已明，其下則暗。又久之，明處有山數峰，如卧牛車蓋之狀，星斗盡不見，其下尚暗，初意日當自明處出。又久之，自大暗中，日輪湧出，正紅色，騰起數十丈，半至明處，卻半有光，全至明處，即全有光，其下亦尚暗，日漸高，漸辨色，度五鼓三四點也。經真廟帳宿之地，石上方柱窠甚多；又經龍口泉，大石有罅，如龍哆其口，水自中出；又經石門十八盤，〔一〕尤聳秀，北眺青齊，諸山可指數。信天下之偉觀也。

客又言：兖州之東曲阜城，魯國也，孔子廟宅在焉。庭中二檜，各十數圍，東者紋左旋，西者紋右旋，世傳孔子手植也。殿前有壇，魯恭王所壞堂基也。城北即孔林，其中有亭，真廟駐蹕之地。西北隅孔子墓，東北隅伯魚墓，正北子思墓，孔氏云：商人尚左。故孔子墓在西也。

舊説武都紫泥用封璽，故詔有紫泥之名。今階州，故武都也，山水皆赤，爲泥正紫色，然泥安能作封？當是用爲印色耳。又説，武都爲武王采地，文、成、康三州亦三王采地也，皆因以得名。雖無經見，其傳亦古矣。

趙復言：昔往來豐沛間甚熟，漢高帝宅與盧綰宅相鄰，俱即以祠之。行平衍之地，山原迤邐，求所謂豐西之澤，芒碭之澤，皆無之，亦無遺迹，與史所著不合。

蜀號「天險」，秦以十月取之，後唐以七十五日取之，本朝以六十六日取之。

予過武功唐高祖宅，昔號慶善宫，今爲佛祠，前向渭水。史載太宗生之日，有二龍戲於門外。此地形勢殊偪仄，蘇世長云：「臣昔侍陛下於武功，見所居宅僅庇風雨者，有唐二帝紵漆像。」不知何帝也？游景叔得唐本太宗畫於屋壁，極奇偉，與世所傳不同也。〔三〕

天下州名，俗呼不正者有二。一處州，舊爲括州，唐德宗立，當避其名，適處士星見分野，故改爲處州，音楮，今俗誤爲處所之處矣；洋州，乃汪洋之洋，音楊，今俗誤爲詳略之詳矣。上自朝省，下至士大夫皆云爾，無能正之者。

今道州，古之有庳，獠夷所處，〔三〕實荒服也。曰舜之於象，封之，非放也；象不得有爲於其國，使吏治其國，而納其貢税焉。皆孔子所不言。有庳距舜之都平陽，越在江湖萬里之外，如曰欲常常而見，源源而來，亦勞矣。但出於孟子也。韓子曰：象爲弟而舜殺之。通鑑外紀筆之不削云。

夔州古名朐䏰。朐，音蠢，又音劬；䏰，如尹反，又音忍，蚯蚓也。至今其地多此物。春秋時，人苦寒熱疾，謂之蚯蚓瘴云。

鳳翔府園有枯槐一株，故老云：昭宗扶此樹，令朱全忠結韈，四顧無應者，故至今謂「手托槐」云。

沈黎，武侯駐兵之壘，城壁尚存，中有武侯祠，敗屋數椽，雜他土木鬼神，甚不典。予爲州，按本書更作之，刻石以記，又榜其廡下，記文多不著。榜云：「黎州據本州縣士民狀，伏見漢大丞相武侯諸葛公，其操節之大，足以師表天下後世，不但有功於蜀之一邊也，廟於州之武侯城中，古矣。今即其地更作益嚴，宜有約束，庶幾不致瀆慢有神，隳壞前制者。謹按蜀本書，大丞相元子，侍中、尚書僕射、軍師將軍諱瞻，本朝一有善政，雖不出其議，民必驩言：『吾葛侯所爲也。』其慕如此。鄧艾下蜀，遣使遺以書曰：『若降，表爲琅琊王。』將軍斬使者，率其子尚，大呼搏戰以死。君子曰：『外不負其國，内不愧其家，忠孝兩有焉。』今大丞相廟，以將軍配。又按漢晉春秋，蜀大丞相諸葛公南征，夷有孟獲者，豪健莫敵，公七擒七縱之。獲始歎曰：『公天威也，夷不復反矣。』今以『天威』名公之堂，寫丞相府從事將佐，自鎮南大將軍馬公忠以下十人於堂中。又按大丞相文集，丞相南征，『詔賜金鈇鉞一，曲蓋一，前後羽葆鼓吹各一部，虎賁六十人』。今并寫於廡下，惟唐南康王韋公皐、太尉李公德裕，舊分祠於大丞相廟庭，〔四〕以其各有功於西邊，〔五〕得不廢，外此輒休。〔六〕他叢祠妄以土木丹青塑畫鬼神等物者，當從州縣按舉置於理。右版榜廟中，以示方來，無致違戾。」

秦州伏羌城三都谷，有曹瑋武穆與羌酋李遵戰勝之地，羌人到今畏慴不敢耕，草木彌望。武穆以六月二十日生，邦人遇其日，大作樂，祭於其廟云。

唐昭宗爲朱全忠刼遷洛陽，至陝，以何皇后臨蓐，留青蓮佛寺行宫，全忠怒逼行甚急。今寺中佛坐蓮花葉上，有當時宫人書「願皇后早降生」，墨色如新。

先人宰陝之芮城縣，一村落皆李氏，蓋唐之遺族。高祖微時，嘗居其地，有故宅基。

民收高祖詔書十數紙，皆免賦役事，每云「不得欺壓百姓」。予舊有録本，近失去。

今歸州屈沱，屈原舊居也。世傳原有姊，以原施行不與衆合，以見流放，棄之獨歸，故曰「歸州」，〔七〕又曰「秭歸」。袁崧云：「姊秭古字通用，與原『女嬃之嬋媛兮，申申其詈予』之語合。」

歸州有昭君村，村人生女無美惡，皆灸其面；白州有緑珠村，舊井尚存，或云飲其水生美女，村人竟以瓦石實之。豈亦以二女子所遭爲不祥邪？

浙人謂「富家爲起早」，蓋言錢多則事多，不能晏眠也。雖俗下之語，亦有理云。

紹聖元年，咸陽縣民段吉，〔八〕夏日凌曉雨後，粥菜村落中，立何人門，足陷地，得玉璽一，玉檢。玉璽方四寸，篆文如鳳鳥魚龍之形，曰「受命于天，既受永昌」。按玉璽記，秦始皇得卞氏藍田玉，刻以爲璽，命丞相李斯篆文云云。又王莽逼元后取璽，后投之地，故一角缺，驗之皆合。唯記云「玉色黄」。此青蒼色耳。蓋漢高祖至霸上，子嬰素車降軹道所上者，世世傳受，號曰「傳國璽」。董卓徙都關中，孫堅入洛，得於城南井中。至梁朱全忠後，始失所在，全忠以下，多都汴洛，今璽尚出於秦。又云：背亦刻「受天之命，皇帝壽昌」八字，則無之。又不云有玉檢爲異，有司來上，

庭議以爲瑞，改元元符，命段吉以官，至靖康國破，敵取以去矣。和氏玉見藺相如語中，璧也其可刻以爲璽邪。〔九〕

宣和元圭，出王懿恪家，舊上有懿恪朱書「元圭」二字。或上之，以爲真夏后氏之瑞。後復燕山，又得一元圭，尤奇古，非前圭可比。朝廷以先既行盛禮，不應再有出者，藏之内庫不復問。至金人起，後圭磨改副衮冕，奉其主，前圭亦取去。然竇建德以獲元圭，故國號夏，不知二圭果何代物也？

紹聖初，先人官長安府，於西城漢高祖廟前賣湯餅民家，得一白玉奩，高尺餘，遍刻雲氣龍鳳，蓋爲海中神山，足爲饕餮，實三代寶器。府上於朝，批其狀云：墟墓之物，不可進御，當籍收官庫，尚遵祖宗典制也。至政和中，先人再官長安，問之，已失所在矣。

楚氏洛陽舊族元輔者，爲予言：家藏一黑水晶枕，中有半開繁杏一枝，希代之寶也。初，避虜入潁陽，凡先世奇玩悉棄之，獨負枕以行，虜勢逼，亦棄於山谷中。文序世言：潞公有白玉盆，徑尺餘，三足，破貝州時，仁皇帝賜也，常用以貯酒，後納之壙中云。

中隱王正叔云：「王仲至帥長安日，境中壞一古冢，有碧色大甆器，容水一斛，中有白玉嬰兒，高尺餘，水故不耗敗，如新汲者。玉嬰兒爲仲至取去。」

校勘記

〔一〕石門十八盤　「石門」，津逮本、學津本、曹本皆作「天門」。

〔二〕與世所傳不同也　「也」字原無，據津逮本、學津本補。

〔三〕所處　「處」，曹本作「家」。

〔四〕廟庭　「廟」，曹本作「廣」。

〔五〕西邊　「西邊」，津逮本、曹本均作「一邊」，學津本作「西一邊」。

〔六〕此輒休　「休」原作「體」，據津逮本、學津本改。

〔七〕故曰歸州　「曰」，津逮本、曹本均無。

〔八〕咸陽縣民段吉　按，宋史卷一八哲宗紀載此事時作「段義」，不作「段吉」。

〔九〕璧也其可刻以爲璽邪　「璧也」，津逮本、學津本均作「璧地」。

邵氏聞見後録卷第二十七

張浮休云：盜夜發咸陽原上古墓，有火光出，用劍擊之，鏗然以墜，視之，白玉簾也。豈至寶久埋藏欲飛去邪？既擊碎之，有中官取以作算籌，浮休亦得一二。宣和殿聚殷周鼎鍾尊爵等數千百種。國破，虜盡取禁中物，其下不禁勞苦，半投之南壁池中。後世三代彝器，當出於大梁之墟云。

主父齊賢者自言：少羈貧，客齊魯村落中。有牧兒入古墓中求羊，得一黄磁小褊鉼，樣制甚朴。時田中豆莢初熟，兒欲用以貯之，才投數莢，隨手輒盈滿，兒驚以告，同隊兒三四試之皆然。道上行人見之，投數錢，隨手亦盈滿，遂奪以去。兒啼號告其父，父方築田，持鋤追行人及之，相争競，以鋤擊鉼破。猶持碎片以示齊賢，其中皆五色畫，人面相聯貫，色如新，亦異矣。齊賢爲王性之云。

近歲，犍爲、資官二縣接境地名龍透，向氏佃民耕田，忽聲出地中，耕牛驚走，得銅劍一，長二尺餘，民持歸，挂牛欄上。入夜，劍有光，欄牛盡驚。移之舍中，其光益甚，民愚亦驚懼，擲於户外，即飛去，蓋神物也。士聶椿云：向，其婦家也。

牛僧孺李德裕相仇，不同國也，[二]其所好則每同。今洛陽公卿園囿中石，刻奇章者，僧孺故物；刻平泉者，德裕故物，相半也。如李邦直歸仁園，乃僧孺故宅，埋石數塚，尚未發，平泉在鑿龍之右，其地僅可辨，求德裕所記花木，則易以禾黍矣。

世傳李太白草書數軸，乃葛叔忱僞書。叔忱豪放不羣，或嘆太白無字畫可傳。叔忱偶在僧舍，縱筆作字一軸，題之曰「李太白書」，且與其僧約，異日無語人，每欲其僧信於人也。其所謂得之丹徒僧舍者，乃書之丹徒僧舍也。今世所傳法書要録、法書苑、墨藪等書，著古今能書人姓名盡矣，皆無太白書之品第也。太白自負王霸之略，飲酒鼓琴，論兵擊劍，錬丹燒金，乘雲仙去，其志之所存者，靡不振發之，而草書奇倔如此，寧謙退自悔，無一言及之乎？叔忱翰墨自絶人，故可以戲一世之士也。晁以道爲予言如此。

大儒宋景文公學該九流，於音訓尤邃，故所著書用奇字，人多不識。嘗納子婦三日，子以婦家饋食物書白，一過目即曰：「書錯一字。姑報之！」至白報書，即怒曰：「吾薄他人錯字，汝亦爾邪！」子皇駭，卻立緩扣其錯，以筆塗「煖」字。蓋婦家書「以食物煖女」云，報亦如之。子益駭，又緩扣當用何煖字？久之，怒聲曰：「從食從而從大。」子退檢字書博雅，中出「餪」字，注云：「女嫁三日，餉食爲餪女。」始知俗聞餪女云者，自有本字。

東坡謝滕達道書云：「前日得觀所藏諸書，使後學稍窺家傳之祕，幸甚！恕先所訓，尤爲近古。某方治此書，得之頗有開益，拜賜之重，若獲珠貝，老朽不揆，輒立訓傳，尚未畢功，異日當爲公出之。古學崩壞，言之傷心也。」李方叔云：「東坡每出，必取聲韻音訓文字複置行篋中。」予謂學者不可不知也。〔三〕

陶隱居與梁武帝啟云：「逸少有名之迹，不過數種。黄庭、勸進、像贊、洛神，不審猶得在否？」褚遂良逸少正書目：樂毅論、黄庭經、畫贊、墓田、丙舍以次，共十四帖，合五卷。勸進已亡，洛神不録，蓋遂良誤以洛神爲子敬書，故柳公權亦云。褚、柳於書工矣，其鑒裁尚有失，古語二王以來，評書之妙，惟隱居爲第一，不誣也。

崇寧初，經略天都，開地得瓦器，實以木簡札，上廣下狹，長尺許，書爲章草，或參以朱字，表物數曰：縑幾匹，綿幾屯，錢米若干，皆章和年號。松爲之，如新成者，字遒古若飛動，非今所畜書帖中比也。其出於書吏之手尚如此，正古謂之札書。見漢武紀、郊祀志，乃簡書之小者耳。張浮休跋王君求家章草月儀云爾。

崔偓佺，淳化中判國子監，有字學。太宗問曰：「李覺嘗言四皓中一人姓，或云用上加一撇，或云用上加一點，果何音？」偓佺曰：「臣聞刀下用擢音，兩點下用爲鹿音，用上一撇一點俱不成字。」四皓中一人，甪里先生也。予謂今書「甪里」，用上加撇者非是。

俗語借與人書爲一癡，還書與人爲一癡。予每疑此語近薄，借書還書，理也，何癡云？後見王樂道與錢穆四書出師頌書，函中最妙絶，古語：借書一瓻，還書一瓻，欲以酒一尊往，知卻例外物不敢。因檢説文，瓻，抽遲反，亦音絺。注云：酒器。古以借書，蓋俗誤以爲癡也。

荆浩論曰：「山水之學，吴道子有筆而無墨，項容有墨而無筆，王維、李思訓之流不數也。」其所自立可知矣。然入吾本朝，如長安關同、營丘李成、華原范寬之絶藝，荆浩者又不數也。故本朝畫山水之學，爲古今第一。

國初，營丘李成畫山水，前無古人。後河陽郭熙得其遺法。成之子覺，熙之子思，俱爲從官，頗廣求兩父之畫，故見於世者益少，益可貴云。

觀漢李翕、王稚子、高貫方墓碑，多刻山林人物，乃知顧愷之、陸探微、宗處士輩尚有其遺法，至吴道玄絶藝入神，然始用巧思，而古意少減矣。况其下者，此可爲知者道也。

畫花，趙昌意在似，徐熙意不在似，非高於畫者，不能以似不似，第其遠近。蓋意不在似者，太史公之於文，杜少陵之於詩也。獨長安中隱王正叔以予爲知者。蜀人重孫知微畫筆，東坡獨曰：「工匠手耳。」其識高矣。宣和中，遣大黄門就西都多出金帛易古畫本，求售者如市，獨於郭宣猷家取吴生畫一剪手指甲内人去，其韻勝出東坡所賦周員外畫背面欠伸内人尚數等。予少年時，嘗因以作續麗人行云。

予舊於滍城孔寧極家，見孔戣私紀一編，有云：「退之豐肥喜睡，每來吴家，〔三〕必命枕簟。」近潮陽劉方明摹唐本退之像來，信如戣之記，益知世所傳，好須髯者，果韓熙載也。

晁以道言：當東坡盛時，李公麟至，爲畫家廟像。後東坡南遷，公麟在京師遇蘇氏兩院子弟於途，以扇障面不一揖，其薄如此。故以道鄙之，盡棄平日所有公麟之畫於人。

郭恕先畫重樓複閣，間見疊出，善木工料之，無一不合規矩。其人世外僊者，尚於小藝委曲精致如此，何邪？

予收南唐李侯閣中集第九一卷，畫目：上品九十五種。内蕃王放簇帳四。今人注云：一在陸農師家，二在潘景家。江鄉春夏景山水六。注云：大李將軍；又今人注云：二在馬粹老家。山行摘瓜圖一。注云：小李將軍；又今人注云：在劉忠諫家。盧思道朔方行一。注云：小李將軍；又今人注云：在李伯時家，明皇遊獵圖一。注云：小李將軍；又今人注云：在馬粹老家。奚人習馬圖三。注云：韓幹；又今人注云：一在野僧家。中品三十三種。内月令風俗圖四。今人注云：在楊康功龍圖家。楊妃使雪衣女亂雙陸圖一。注云：李翽；又今人注云：在王粹老家，今易主矣。竹四。今人注云：在王仲儀之子定國處，其着色卧枝一竿尤妙。下品百三十九種。内回紋圖二。注云：殷嵩；又今人注云：在仲儀家。詩圖二，敍一：樓臺人物分兩處，中爲遠水紅橋小山，作竇滔從騎迎若蘭，車輿人物甚小而繁，大概學周昉而氣製甚遠。猫一。注云：汀州李交；又今人注云：在劉正言家。花而行者一，〔四〕小者三，如生。後有李伯時跋云：「江南閣中集一卷，得於邵安簡家。其中名品多流散士大夫家，公麟尚見之，有朱印曰『建業文房之印』，曰『內合同印』，有墨印曰『集賢院御書記』，表以回鸞墨錦，籖以黃經紙。」〔五〕予意今注出於伯時也，然不知集有幾卷？其他卷品目何物也？建業文房亦盛矣，每撫之一歎。

校勘記

〔一〕不同國也　「國」，曹本作「固」。

〔二〕予謂學者不可不知也　原「不可不知」上有「亦」字，據津逮本、學津本删。

〔三〕每來吴家　「吴家」，曹本作「吴吾家」。

〔四〕花而行者　「而」，疑當作「面」。

〔五〕黃經紙　「黃」，津逮本、學津本、曹本皆作「潢」。

邵氏聞見後録卷第二十八

鳳翔府開元寺大殿九間，後壁吴道玄畫：自佛始生、修行、説法至滅度；山林、宫室、人物、禽獸，數千萬種，極古今天下之妙。如佛滅度，比丘衆躃踊哭泣，皆若不自勝者，雖飛鳥走獸之屬，亦作號頓之狀，獨菩薩淡然在旁如平時，略無哀戚之容。豈以其能盡死生之致者歟？曰「畫聖」，宜矣。其識開元三十年云。今鳳翔爲敵所擅，〔一〕前之邑屋皆丘墟矣。予故表出之。

古畫、塑一法。楊惠之與吴道子同師張僧繇學畫，惠之見道子筆法已至到，不服居其次，乃去學塑，亦爲古今第一。嗟夫，畫一技耳，尚不肯少下，況於遠者大者乎？曰「研瓦」者，唐人語也，非謂以瓦爲研。蓋研之中，必隆起如瓦狀，以不留墨爲貴。百餘年後，方可其平易。古人用意於一研，尚如此。

予嘗評硯：端石如德人，每過於爲厚，或廉於才，不能無底滯；歙石如俊人，於人輒傾倒，〔二〕類失之輕，而遇事風生，無一不厭足人意。能兼其才地，則爲絶品。又滁端石，竟日屢易水，其漬卒不盡除；歙石一濯即瑩徹無留墨，亦一快耳。唐氏爲研説甚廣，初不出此。

石晉時，關中有曰李處士者，能補石硯。硯已破碎，留一二日以歸，完好如新琢者。其法不傳，或以爲異人。

近世薄書學，在筆墨事類草創，於紙尤不擇。唐人有熟紙、有生紙。熟紙，所謂妍妙輝光者，其法不一；生紙，非有喪故不用。退之與陳京書云：「送孟郊序用生紙寫。」言急於自解，不暇擇耳。今人少有知者。

司馬文正平生隨用所居之邑紙，王荆公平生只用小竹紙一種。

宣城陳氏家傳右軍求筆帖，後世益以作筆名家。柳公權求筆，但遺以二枝，曰：「公權能書，當繼來索，不必卻之。」果卻之，遂多易以常筆。曰「前者右軍筆，公權固不能用也」。予從王正夫父子，得張義祖所用無心毫，錐鋒長二寸許，〔三〕他人不能用，亦曰右軍遺法也。義祖名友正，退傳之子，〔四〕居昭德坊，不下閣二十年，學書盡窺右軍之妙，尚以蔡君謨爲淺近，米元章爲狂誕，非合作，然世無知者。如其所用筆，可嘆也。獨王正夫父子好之云。

太祖下南唐，所得李廷珪父子墨，同他俘獲物，付主藏籍收，不以爲貴也。後有司更作相國寺門樓，詔用黑漆，取墨於主藏，車載以給，皆廷珪父子之墨。至宣和年，黄金可得，李氏之墨不可得也。

黄魯直就几閣間，取小錦囊，中有墨半丸，以示潘谷。谷隔錦囊手之，即置几上，頓首曰：「天下之寶也。」出之，乃李廷珪作耳。又别取小錦囊，中有墨一丸，谷手之如前，則嘆曰：「今老矣，不能爲也。」出之，乃谷少作耳。其藝之精如此。

故德陽縣男虞祺，字齊年，起陵州諸生中。初不知佛書也，每曰：「誠者天之道，思誠者人之道，其至則一也，吾知此而已。」當毒賦賸斂鞭箠馬牛其人之日，一漕夔，再漕潼，川民獨晏然倚以朝夕也。間屬微疾，凭几不言，忽顧坐客曰：「古佛俱來，吾亦歸矣。」男子允文旁立泣下。又笑曰：「人而爲佛，寧不可哉？」客異其非君平生之言，即之，已逝矣。明年，始有更生佛事。陵州民解逑者，病死一晝夜再生。具言：初爲黄衣逮去，遇故里中少年曹生曰：「鄉之大夫虞君主更生事，明當爲更生佛，亟見之。」前抵宫室，沈沈王者冕服正坐，虞君也。吏問逑故爲善狀，逑訴力貧，但一至瓦屋山，見辟支佛瑞色甚勝，得釋去。王再敕逑：「過語吾家，廣置更生道場，誦數更生佛名字勿怠。」語定，白毫光自王身起，直大觀闕黄金書榜「大慈大悲，更生如來」，逑洒然而悟。明當虞君練祭云。士陳公璜，年甫九十，直書其事甚備。華嚴道人祖覺，自大涅槃經中得更生佛，因地不誣，虞君不爲佛學佛言，直心是道場，無虚假故，著其爲更生佛事無疑。先是，彭山楊舜欽使君在田間，夜夢故計吏王咨者，多哀言，辭去，衣後穿出牛一尾，使君舊與咨善，驚起。家人之夢亦合，相語未竟，外報一牛生，遽取火視之，牛仰首淚下。嗚呼，君子小人之善惡，如天淵然，有報亦如之。予特著其略，以爲世戒。

王子飛觀文爲予言：吾使三韓，泛海每危於風濤，翦佛書以投，異物出没争奪以去，至投道書則不顧。

鳳翔府祁陽鎮法門寺塔，葬佛手指骨一節，唐憲宗盛儀衛迎入禁中，韓吏部表諫者。塔下層爲大青石芙蕖，工製精妙，每芙蕖一葉，上刻一施金錢人姓名，殆數千人，宫女姓名爲多，如曰張好好、李水水之類，與慈恩寺塔磚上所書同。又刻白玉象，所葬佛指骨，置金蓮花中，隔琉璃水晶匣可見。予宣和中過之，有老頭陀言：舊多寶器，唐諸帝諸王施以供佛者，盡爲權勢取去，尚餘一水晶獸環洗，亦奇物也。

五臺山佛光，其傳舊矣。唐穆宗實録：元和十五年四月四日，河東節度使裴度奏：五臺山佛光寺側，慶雲現，若金仙乘狻猊，領其徒千萬，自巳至申乃滅。又峩眉普賢寺，光景殊勝，不下五臺，在唐無聞。李太白峩眉山詩言仙而不言佛，華嚴經以普賢菩薩爲主，李長者合論言五臺山而不言峩眉山，又山中諸佛祠，俱無唐刻石文字，疑特盛於本朝也。

慶曆中，齊州言：有僧如因，妖妄惑人，輒稱正法一千年一刼，像法一千年一刼，末法一千年一刼。今像法已九百六十年，才餘四十年，即是末刼，當饑饉疾疫刀兵，云云。事下兩街，僧録司奏：正法、像法、三災刼等，悉出大藏經論，非妖。皇帝但勑天下，大藏經論勿妄以示人云。

又熙寧初，神宗謂王安石曰：「有比丘尼千姓者，爲富弼言：世界漸不好，勿預其事可也。弼信之。」然亦不之罪也。〔五〕

予嘗以前聞長老言湯保衡遇漢張陵事，刻石於資中崇壽觀矣。〔六〕後得吕大臨與叔所作保衡傳，尤詳盡。與叔授横渠先生之道，以誠以正爲本，可信其不誣。然漢史建安二十年，曹操破張魯，定漢中。魯祖父陵，順帝時客於蜀，學道鶴鳴山中，造作符書，以惑百姓。受其道者輒出米五斗，時謂之「米賊」。陵子衡，衡子魯，以其法相付授，自號「師君」。其衆曰「鬼卒」，曰「祭酒」，曰「理頭」，大抵與黄巾相類。朝廷不能討，就拜魯鎮夷中郎將，領漢寧太守。則所謂張陵者，果異人乎？今道家者流祖，其事不可辨云。與叔湯保衡傳：「嘉祐末年，京師麻家巷，有聚小學者李道，太學生湯保衡嘗與之游。一日，保衡至道學舍，有一道士，形貌恢偉，鬚髯怪異，言語如風狂人，與道相接，保衡見而異之。既去，保衡問道，道曰：『此道士居建隆觀。朝夕嘗過我，我固未嘗詣之，乃落魄不檢者，子何問之？』保衡曰：『予所居與建隆甚邇，凡觀之道士皆與之識，未始見此人。』既而保衡頗欲訪之。它日，保衡至道學舍，復見前道士，問其所止，亦曰建隆。既去，保衡默從之，入觀門至西廊而没，保衡往追尋之不復見。因觀廊壁繪畫，有一道士，正如所見者，其上題云『張天師』。保衡心異之。他日，乃具冠帶伺於李道之舍，道問曰：『子何所伺？』保衡佯以它語答之。凡伺三日，其道士始自外至，已若昏醉者，與道相見如常日，保衡既見正如所畫者，遂出拜之，稱曰：『天師。』道士辭避曰：『足下無過言。』道亦笑曰：『此道士安得天師之稱哉？』保衡再三叩請，具述所見。道士乃曰：『請以某日會於某地。』保衡曰：『諾。』如約而往，道士見之曰：『但舉目視日十日，必有所見，可復會於某地。』保衡歸，依所教視日，視既久，目不復眩。至十日，乃覩日中有人形，細視之，見道士在日中，形貌宛然。保衡復往會道士，道士曰：『何所見？』保衡曰：『見天師在日中。』道士曰：『可復歸再視日，百日外復有所見，可再相會於某地，慎勿泄也。』保衡如教視之，家人以爲風狂，問之不答。逾百日，乃見己形亦在日中，與道士立。保衡乃會道士具談之，道士曰：『可教矣。』乃爲授以符録，可以攝制鬼神，其道士復不見。保衡居太學中，嘗喪一幼子，每思之，召至其前，同舍生皆見之。一日，保衡語其友人曰：『予適過西車子曲，見一小第，門有車馬，有數婦人始下車，皆不以物蒙蔽其首；其第二下車者，年二十許，頗有容色，意其士大夫自外至京師者，必其妻也。予欲今夕就子前舍小飲，當召向所見婦人觀之。』友人曰：『良家子，汝焉可妄召，必累我矣。』保衡曰：『非召其人，乃攝其生魂，聊以爲戲耳。然必至夜，俟其寢寐乃召之，若夢中至此，止可遠觀，慎勿近之，近之則魂不得還，其人必死矣。』遂與友人薄暮出門，過其舍，伺少頃，聞門中有婦人聲，保衡心知乃適所見婦人，即吸其氣，以綵綫繫其中指，既而至友人學舍，命僕取酒至，與之對飲，令從者就寢。

中夜，〔七〕保衡起開門，有婦人自外至，乃所見者，形質皆如人，但隱隱然若空中物，其語聲如嬰兒，見保衡拜之。保衡問其誰氏，具道某氏，其夫適自外罷官還京師，復問保衡曰：『此何所也？適記已就寢，不意至此，又疑是夢寐，而比夢寐差分明；又疑死矣，此得非陰府邪？』保衡曰：『此亦人間耳，今便可歸，當勿憂也。』命立於前，欵曲與語，至五更始遣去。人傳保衡甚得召鬼之術，保衡以進士及第，今官爲縣令云。」

校勘記

〔一〕今鳳翔爲敵所擅　「擅」，曹本作「壞」。

〔二〕於人輒傾倒　「於人」，曹本作「放」，津逮本作空一格。

〔三〕錐鋒長二寸許　「錐」，津逮本、學津本均作「雖」。

〔四〕退傳之子　「傳」原作「傅」，據津逮本、學津本改。按，張義祖名友正，其父張士遜字順之，不作「退傳」，宋史卷三一一有傳。

〔五〕慶曆中……然亦不之罪也　此兩條，錢本無。

〔六〕資中崇壽觀　「資中」，津逮本、學津本均作「婺中」。按，漢書卷二八上地理志犍爲郡有資中縣。

下文謂漢順帝時，張陵客於蜀，則作「資中」是。

〔七〕中夜　津逮本、學津本皆作「至夜」。

邵氏聞見後録卷第二十九

張君猷爲湖南漕，過南嶽，自肩輿中見路左一道觀甚麗，榜曰「朱陵宫」，遥望其中，有一羽衣立殿上。君猷意欲下，而從騎半已過。明年再經其地，求朱陵宫，無之。父老云：旁近但有朱真人祠。至其下，乃前所見朱陵宫之處，才小屋一二楹，其變異如此。

唐吕仙人故家岳陽，今其地名仙人村，吕姓尚多。藝祖初受禪，仙人自後苑中出，留語良久，解赭袍衣之，忽不見。今岳陽仙人像，羽服下着赭袍云。

北齊敕道士剃髮爲沙門，宣和中，敕沙門着冠爲道士。古今事不同如此。

郝翁者，名允，博陵人。少代其兄長征河朔，不堪其役，遁去。月夜行山間，憊甚，憩一樹下。忽若大羽禽飛止其上，熟視之，一黄衣道士也。允拜手乞憐，道士曰：「汝郝允乎？」因授以醫術。晚遷鄭圃，世以「神醫」名之。遠近之人，賴以活者，四十餘年。非病者能盡活之也，蓋其術精良可信。不幸而不可治，必先語之，雖死亦無恨，於脈非獨知已病，而能前知未病與死，近者頃刻，遠者累年，至其日時皆無失。歲常候測天地六元五運，考四方之病，前以告人，亦無失。皇祐年，翁死。張珣子堅誌其墓云：〔二〕「夏英公病泄，太醫皆爲中虛。翁曰：『風客於胃則泄，殆藁本湯證也。』英公駭曰：『吾服金石等物無數，泄不止，其敢飲藁本乎？』翁強進之，泄止。太常博士楊日宣病寒，翁曰：『君脈首震而尾息，尾震而首息，在法謂魚遊蝦戲，不可治。』不旬日死。〔三〕州監軍病悲思，翁告其子曰：『法當甚悸即愈。』時通守李宋卿御史甚嚴，監軍內所憚也，翁與其子請於宋卿。一造問，因責其過失，監軍惶怖汗出，病乃已。殿中丞姚程，腰脊痛不可俛仰。翁曰：『穀獨氣也。當食發怒，四肢受病，傳於大小絡中，痛而無傷，法不當用藥，以藥攻之則益痛，須一年能偃仰，二年能坐，三年則愈矣。』後三年而愈。里婦二，一夜中口噤如死狀。翁曰：『血脈滯也。不用藥，聞雞聲自愈。』一行踸踔輒踣。翁曰：『脈厥也。當治筋，以藥熨之自快。』皆驗。士陳堯遵妻病，衆醫以爲勞傷。翁曰：『亟屏藥，是爲娠證，且賀君得男子矣。』已而果然。又二婦人娠，一咽嘿不能言。翁曰：『兒胞大經壅，兒生經行，則言矣。不可毒以藥。』既免，母子俱全。一極壯健，翁偶診其脈，曰：『母氣已死，所以生者，反恃兒氣耳。』如期子生母死。翁所治病半天下，神異不可勝記。如上所記，特鄭圃之人共知者也。翁有子名懷質，盡能傳其學。懷質嘗自診其脈，語人曰：『我當暴死。』不數年果暴死。翁讀黄帝内經，患王氷之傳多失義指，間以朱墨箋其下，世尚未見。懷質死，其書亦亡，獨太醫趙宗古得六元五運之法於翁，〔三〕嘗圖以上朝廷，今行於世云。」

無爲軍醫張濟，善用針，得訣於異人。云能解人而視其經絡，則無不精。因歲饑疫，人相食，凡視一百七十人，以行針無不立驗。如孕婦，因仆地而腹偏左，針右手指而正；久患脱肛，針頂心而愈；傷寒翻胃，嘔噦累日，食不下，針眼眦，立能食。皆古今方書不著。陳瑩中爲作傳云。

藥王藥上爲世良醫，嘗草木金石名數凡十萬八千，悉知苦酸鹹淡甘辛等味。故從味因悟入，益知今醫家别藥曰味者古矣。

鄭師甫云：「嘗患足上傷手瘡，〔四〕水入，腫痛不可行步。有丐者，令以耳塞敷之，一夕水盡出，愈。」

崇寧年，西都修大内，患苑中池水易涸。或云置牛骨池中，則水不涸。置之，果然。

范時老董役，親見之。

吕公晉伯云：除蝨法，吸北方之氣噴筆端，書「欽深淵默漆」五字，置於牀帳之間，即盡除。公資正直，非妄言者。

洛陽楚氏，葬龍門之東尹樊村。鑿井每不得泉，有術者云：夜以水盛器，〔五〕見星多者，下有泉。用之果然。

今世俗謂卦影者，亦易之象學也。如見豕負塗，載鬼一車，非象而何？未易以義理訓也。予見王慶曾言：「蚤日羈窮，嘗從一頭陀占卦象。其詞云『須逢庚午方亨快，半是春來半是秋』。〔六〕頭陀云：『豈君運行庚午，春秋之間少快邪。』久之無驗。晚用秦相君薦，至參知政事。相君庚午生，半春半秋秦字也。其異如此。」

殿中丞丘濬頗知數。熙寧十年秋，翰林學士楊元素貶官荆州，過池陽見之。濬曰：「明年當改元，以易步之，豐卦用事，必以豐字紀年。」如期改元豐云。

汾晉間祈雨，裸袒叫呼，奮臂爲反覆手狀，又以水洒行道之人，殆可笑。按董仲舒傳注，有「閉陰縱陽，以水洒人」之説，蓋其自也。

廣西人喜食巨蟒，每見之，即誦「紅娘子」三字，蟒輒不動，且行且誦，以藤蔓繫其首於木，刺殺之。

熊山行數十里，〔七〕各於巖穴林蒨之間有藏伏之所，山中人謂「熊館」云。如虎豹出百里外，則迷失故道矣。

瀫鶘能勑水，故水宿物莫能害。鴆能罡步禁蛇，〔八〕故食蛇。啄木穴樹巢其中，人或用木塞之，能以觜畫符，其塞自出。鵲知歲所在，又有隱巢木，故鷙鳥不可見。燕營巢避戊己日，故不傾壞。鸛有長水石，故能巢中畜魚，水不涸。蓋不止於有知也。有隱者劉易，在王屋山，見一蜘蛛爲大蜂所螫，腹脹欲裂，亟就草間嚙芋梗磨之，脹即平。因以治人之被蜂螫者，痛立止。

魚枕骨作器皿，人知愛其色瑩徹耳，不知遇蠱毒必爆裂，尤可貴也。

油絹紙、石灰、麥糠、馬矢、糞草，皆能出火。

馬、騾、驢，陽類，起則先前，治用陽藥；羊、牛、駝，陰類，起則先後，治用陰藥。故獸醫有二種也。

梧桐，百鳥不敢棲止，避鳳凰也。古語云爾，驗之果然。

蜀中喜事者，南歸多載木犀花以來，種之皆生，或擇嫩條接冬青枝間亦生葉，〔九〕

豈其類耶？謂萬年枝者，冬青也。玉樹者，槐也。宮苑中多此二木，特易以美名。冬青又名凍青，貴其有歲寒不改之節，故司馬長卿謂之女貞，自不爲文君地邪？

芸草，古人用以藏書，曰「芸香」是也。置書帙中即無蠹，置席下即去蚤虱。葉類豌豆，作小叢，遇秋則葉上微白，如粉汙，南人謂之「七里香」。大率香草，花過則無香，縱葉有香，亦須採掇嗅之方覺。此草遠在數十步外已聞香，自春至秋不歇絶，可翫也。

種柿有七絶：一有壽，二多陰，三無禽巢，四無蟲蠹，五有嘉實，六其本甚固，七霜葉紅。可翫也。

榆有二種：一名郎榆，一名姑榆，郎榆無莢。〔一〇〕

千葉黄梅，〔一一〕洛人殊貴之，其香異於它種，蜀中未識也。近興、利州山中，樵者薪之以出，有洛人識之，求於其地尚多，始移種遺喜事者，今西州處處有之。

予嘗春日經夷陵，山中多紅梨花，誦歐陽公之詩，裴回其下不能去，近蜀中稍見之。又有得千葉杏花於劍州山中者，在洛陽花木譜中無之，亦奇産也。

蜀無橄欖。或云：司馬相如狗監所誦上林賦、〔一二〕喻蜀父老文、封禪書，王褒中和樂職宣布詩、聖主得賢臣頌，揚雄劇秦美新篇，辭皆爛美，〔一三〕足以取悦當代。張九齡策安禄山，姜公輔論朱泚，危言可驗，輒棄之不采。相如輩蜀人，九齡公輔嶺海之士，以草木臭味譬之，如橄欖不生於蜀，生於嶺海也。亦猶唐李直方以貢士第果實：一緑李，二楂梨，三櫻桃，四柑子，五蒲桃，或薦荔枝，曰寄舉之首也。蓋始於范曄，以諸香品時輩，侯朱虚著百官本草，皆戲言之善者耳。然近日蜀中種橄欖輒生，予山園自有數章。

蘭有二種：細葉者春花，花少；闊葉者秋花，花多。黄魯直蘭説云：「楚人滋蘭之九畹，樹蕙之百畝，蘭以少故貴，蕙以多故賤。」予以爲非是。蓋十二畝爲畹，則九畹百畝，亦相等矣。又云：〔一四〕「一榦一花而香有餘者蘭，一榦五七花而香不足者蕙。」是以細葉爲蘭，闊葉爲蕙，亦非也。楚人曰，蕙，今零陵香是也，〔一五〕又名薰，所謂一薰一蕕者也。唐人但名鈴鈴香，亦名鈴子香，取其花倒懸枝間，如小鈴也。近時附入本草，云：出零陵郡。亦非也。不詳本草自有「薰草」條，亦名蕙草甚明，零陵爲重出云。

凌霄花有毒，〔一六〕有人凌晨仰視其花，花中露水滴入眼中，遂失明。或云金錢亦然。

校勘記

〔一〕張珣　「張珣」，津逮本、學津本、曹本皆作「張峋」。

〔二〕不旬日死　「旬日」，津逮本、學津本、曹本皆作「數日」。

〔三〕得六元五運之法　「得」原作「受」，據津逮本、學津本改。

〔四〕嘗患足上傷手瘡　「手」字，學津本無。

〔五〕夜以水盛器　「盛」原作「七」，曹本作「注」，據津逮本、學津本改。

〔六〕半是春來半是秋　「來」原作「時」，曹本作「而」，據津逮本、學津本改。

〔七〕數十里　「十里」，津逮本、學津本、曹本皆作「千里」。

〔八〕鴆能罡步禁蛇　「罡」，津逮本、學津本、曹本均作「巫」。

〔九〕接冬青枝間亦生葉　「葉」字疑衍。津逮本、學津本、曹本均無「葉」字。

〔一〇〕郎榆無莢　「莢」，津逮本、曹本均作「英」。

〔一一〕千葉黄梅　「黄梅」，津逮本、學津本、曹本均作「黄梅花」。

〔一二〕上林賦　「上林」，津逮本、學津本、曹本皆作「等」。

〔三〕辭皆爛美　「爛」，曹本作「嫺」。

〔四〕楚人滋蘭之九畹……又云　此四十四字，曹本無。

〔五〕蕙今零陵香是也　「是」，津逮本、學津本、曹本皆無。

〔六〕凌霄花有毒　津逮本、學津本在「毒」字下有「一作出蜀」四字。

邵氏聞見後録卷第三十

政和戊戌夏六月，京師大雨十日，水暴至，諸壁門皆塞以土，汴流漲溢，宫廟危甚。宰執廬於天漢橋上。一餅師家蚤起，見有蛟螭伏於户外，每自蔽其面，若羞怖狀，萬人聚觀之。道士林靈素方以左道用事，曰：「妖也。」捶殺之。四郊如江河，不知其從出，識者已知爲兵象矣。林靈素專毁佛，泗州普照王塔廟亦廢，當水暴至，遽下詔加普照王六字號，水退復削去，先當制舍人許翰以詞太褒得罪。〔一〕

盧立之尚書云：「宣和末，禁中數有變異，曰『摧』原注：内音。者爲甚。每夜久，有巨人呼『摧』云，遇人必撤裂之。中官有膽勇者數輩，相約俟其出，迫逐之。巨人返走，墜一物，鏗然有聲，取視之，乃内帑所藏鐵幞頭也。」趙正之云：「禁中舊有此怪，不出仙韶院，至宣和末，始遍出宫殿中云。」

宦官盧功裔云：「宣和末，鬼車瀝血於福寧殿庭，又有狐登御坐，又内殿磚砌上忽有積血，遽拭之復出，去磚亦出，發地亦出，至廢其殿云。」

李瑺云：「宣和末，爲洛陽縣尉，有職事在西宫，一夏伏龍起宫中者無虚日，〔二〕殆數百處，初固異之。未幾，金人入洛，宫遂焚。」張浮休云：「向謫郴江，〔三〕夏日在寓舍伴羣兒讀書次，忽天際一船，載人物如行水上，久之方没。」

三峽中，石壁千萬仞，飛鳥懸猿不可及之處，有洞穴累棺槨，或大或小，歷歷可數，峽中人謂之「仙人棺槨」云。按隋唐嘉話，將軍王果於峽口崖側，見一棺將墜，遷之平處，得銘云：「後三百年水漂我，欲墜不墜逢王果。」今洞穴在懸絶石壁千萬仞之上，唯大禹初鑿三峽，道岷山之江時，人迹或可至，不在崖側，不止三百年也。望其棺槨皆完好如新，不知果何物爲之，亦異矣。〔四〕

長安乾明寺，唐太廟也。庭中有星隕石，狀如伏牛，有手迹四，足迹二，如印泥然。故老云：武氏革命日隕。又興平一道觀中，有星隕石，如半柱滿，其上皆繫痕，豈果繫乎空中邪？〔五〕殆不可知也。旁有石，記西晉時隕。

熙寧中，少華山崩，壓七村之人，不可勝計。先是穴居虎豹之屬盡避去，人獨不知，遂罹禍。山以夜崩，聲震百里外，州距山才二十里，初不聞，其異如此。

元符年，衆人宿岐山縣客邸。明日，一人亡其首，無血。官捕殺者，踰年竟不得。

或曰：俠客飛劍〔六〕中人無血。政和年，河中府早宴罷，營妓羣行通衢中，忽暴風起，飛劍滿空，或截髻，或翦髩，或劒面，俱不死，亦不傷。他人或云：劍俠爲戲耳。予親見之。

殿中丞丘舜元，閩人也。舟泝汴，遇生日，艤津亭。家人酌酒爲壽，忽昏睡，夢登岸，過林薄至一村舍，主人具飲食，既覺，行岸上，皆如夢中所見。至村舍，有老翁方撤席，如賓退者。問之，曰：「吾先以是日亡一子，祭之耳。」舜元默然，知前身爲老翁子也，厚遺之以去。

歐陽公嘗夢爲鵓鴿，初夏清曉，飛鳴緑陰中甚樂。

劉法欲生，其母幃帳忽若墜壓而下，〔七〕視之，上有大虵，蜿蜒若被痛楚狀，母怖甚，避之他所。法生，再視之，但虵蜕耳。後法爲將，有賢稱。崇寧興儒學，則刑舉子之無賴者；宣和興道學，則刑道士之無賴者。坐此謫官。久之，以節度使、檢校少師帥熙河。童貫盡取本道精兵去，俾用老弱下軍，深入策應，遂陷。貫方奏捷，反以不稟節制聞，士大夫寃之。

王荆公在鍾山，乘驢薄莫行荒村中。有婦人蒙首執文書一紙遮公曰：「妾有寃訴。」公喻以退居不預公事，當自州縣理之。婦人曰：「妾寃訴關相公，乞留文書一觀。」公不能卻，令執藥囊老兵取狀。〔八〕至半山園視之，素紙一幅耳。公以是月薨。猶子防爲王性之云爾。

滕章敏公達道帥青社，〔九〕一夕會其屬。酒半，教官頓起，家有急，公先送之去，坐客皆散立前後。公來，共見一無頭偉人，着錦袍坐於主席，公與客俱辟易不敢前，少時作黑霧散去。公親爲王樂道云。

近李西美帥成都，士陳甲者館於便齋。夜月色中，有危髻古裳衣婦人數輩，語笑前花圃中，甲殊不顧。有甚麗者誦詩：「舊時衣服盡雲霞，不到迎仙不是家。今日樓臺渾不識，只餘古木記宣華。」又誦：「小雨廉纖梅子黄，晚雲收盡月侵廊。樹陰把酒不成醉，何處無情枉斷腸。」忽不見。今府第故蜀宫，豈當時宫女尚有鬼邪？按蜀檮杌，宣華，故苑名。

近种湘守敍州，壞客館爲東園。警夜兵共見大虵自客館出，穿西樓以去。樓下臨大江，度其地約長十數丈。明，求之於館之寢，有穴方廣才丈許，〔一〇〕發之，其蟠屈之迹大一間屋，土色光膩，如新泥飾者，豈異物亦避暴役穿穴以去邪？不數日湘死。

興元府火，飛燼落天慶觀殿下古柏上，柏中空盡焚，臭聞遠近。明日，得如羊肋骨者數百枚，〔三〕蓋大虵也。帥楊掌武每出以視客云。

龐孝祖言：昔提舉成都茶馬，夏日坐後圃堂上，忽聞其後鐵鏁鋃鐺之聲，遽窺窗外，一物自小池中出，龍形，面如貓，曳其尾石砌上，鱗甲有聲，少頃雷雨暴作，失去。孝祖疑世所畫龍皆非是。予讀華嚴合論，龍類最衆，有如貓者，豈孝祖所見乎？

程致仲爲予言：「近歲，雲齋小書出丹稜李道達遇女妖事，〔三〕不妄。致仲親見泥金鴛鸞出入雲氣中，黄色衣，奇麗奪目，非人間之物，蓋妖所服，留以遺道達者。又歌曲多仙語，尚小書失載云。」

李公擇之子夷曠，宣和中爲發運司屬，薄莫抵江上亭。亭吏云：「先有曰『水太保者』在焉。」夷曠遣吏謝之。屏内云：「太保當避去。」已而老少婦人數輩，傳呼「太保來」！太保者，一十餘歲丱角童子耳。各乘馬以去，人馬皆異狀。夷曠疑之，遣數健步躡其後，各驚懼而返云：「約十數里外，望大潭，人馬皆下投其中。」昔江子我爲予言，後與夷曠同官成都，問之信然。

高駢初展成都外城，後王氏、孟氏相繼僞以爲都，其更作奢僭之力，發地及泉也。

近靖康年，帥盧立之亦增築，朞年，役甚大。至紹興年，霖雨，北壁壞，攝帥孫渥才興工，於數尺土下，得高駢石記云：刻置築中，後若干年當出。正與其年合。前累有大役不得者，數未契也。高駢好異術，豈亦有知數者邪？

傅獻簡云：「王荆公之生也，有貛入其室，俄失所在，故小字貛郎。」

歐陽公云：「予作憎蠅賦，蠅可憎矣。尤不堪蚊子，自遠嚶喝來咬人也。」

秦少游在東坡坐中，或調其多髯者。少游曰：「君子多乎哉？」東坡笑曰：「小人樊須也。」

經筵官會食資善堂，東坡盛稱河豚之美。吕元明問其味。曰：「直那一死。」再會又稱豬肉之美。范淳甫曰：「奈發風何？」東坡笑呼曰：「淳甫誣告豬肉。」

郭忠恕嘲聶崇義曰：「近貴全爲聵，攀龍即作聾，雖然三箇耳，其奈不成聰。」崇義曰：「吾不能詩，姑以二言爲謝：勿笑有三耳，全勝畜二心。」陳亞蔡襄亦云：「陳亞有心終是惡，蔡襄無口便成衰。」王汾劉攽亦曰：「早朝殿内須呼汝，寒食原頭盡拜君。」攽又嘲王覿云：「汝何故見賣？」覿曰：「賣汝直甚分文。」其滑稽皆可書也。

孫傅師名覽，[三]人有投詩者曰：「伏惟笑覽。」傅師曰：「君無笑覽，覽合笑君。」

謂「東方虯更三十年，乞汝西門豹作對」。唐人語也。今相州有西門豹祠，神像衣裳之間，微露豹尾。韓魏公見之，笑令斷去。

韓玉汝平生喜飾廚傳，一飲啖可兼數人。出帥長安，錢穆四行詞云「喜廉頗之能飯」，玉汝不悦。又有貴人號「競渡船」者，以其唯利是競也。席大光作言官，〔四〕擊之曰：「某别名『競渡船』，中貯無賴之小人，外較必争之微利也。」士大夫驩傳之。

王荆公喜説字至於成俗，劉貢父戲之曰：「三鹿爲麤，鹿不如牛。三牛爲犇，牛不如鹿。」謂宜三牛爲麤，三鹿爲犇，若難於遽改，欲令各權發遣。荆公方解縱繩墨，不次用人，往往自小官暴據要地，以資淺，皆號「權發遣」，故并謔之。

劉貢父云：「有人不識鬬争字，以書問里先生。答曰仄更切。又疑更字，問。曰加横切。又疑横字，問。曰户行切。又疑行字，問。曰華争切。竟不知其爲何音也？」予嘗舉以爲笑歡。客有善切字者非之，亦難與言也。

士人口吃，劉貢父嘲之曰：「本是昌徒，又爲非類，雖無雄才，卻有艾氣。」蓋周昌、韓非、揚雄、鄧艾皆口吃也。

客問劉貢父曰：「某人有隱過否？中司將鳴鼓而攻之。」貢父曰：「中司自可鳴鼓兒，老夫難爲暗箭子。」客笑而去，滑稽之爲厚者也。

劉貢父呼蔡確爲「倒懸蛤蜊」，蓋蛤蜊一名「殼菜」也。確深銜之。馬默擊劉貢父，玩侮無度，或告貢父。貢父曰：「既稱馬默，何用驢鳴？」立占馬默驢鳴賦，有「冀北羣空，黔南技止」之警策，亦可謂奇才也。

王荆公好言利，有小人諂曰：「決梁山泊八百里水以爲田，其利大矣。」荆公喜甚，徐曰：「策固善矣。決水何地可容？」劉貢父在坐中曰：「自其旁别鑿一八百里泊則可容矣。」荆公笑而止。予以與優旃滑稽，漆城難爲蔭室之語合，故書之。

王荆公會客食，遽問：「孔子不徹薑食，何也？」劉貢父曰：「草木書：薑多食損知，〔一五〕道非明之，〔一六〕將以愚之。孔子以道教人者，故云。」荆公喜以爲異聞，久之，乃悟其戲也。荆公之學，尚穿鑿類此。

校勘記

〔一〕許翰以詞太褻得罪　「許翰」原作「許幹」，據津逮本、學津本、曹本改。按，許翰歷事徽宗等三朝，議論剴切，宋史卷三六三有傳。

〔二〕一夏伏龍起宫中　津逮本、學津本作「一龍夏伏起宫中」。

〔三〕向謫郴江　「郴江」原作「郡江」，據津逮本、學津本改。按，張舜民自號浮休居士，曾謫爲監郴州酒税，事見宋史卷三四七本傳。

〔四〕其棺槨皆完好如新不知果何物爲之亦異矣　原作「其棺如果何新槨皆不好完知物爲之亦異矣」，當係抄胥竄亂，今據津逮本、學津本改。

〔五〕豈果繫乎空中邪　「乎」，津逮本、學津本均作「于」。

〔六〕飛劍　「飛」，津逮本、學津本、曹本皆作「氣」。

〔七〕忽若墜壓而下　「忽若墜」原作「忽墜」，據津逮本、學津本補。

〔八〕令執藥囊老兵取狀　「狀」，津逮本、學津本、曹本均作「收」。

〔九〕達道帥青社　玩文義，「社」字疑衍。按，滕元發初名甫，後改字達道，歷青州等，治邊凜然，威行西北，號稱名帥。謚曰章敏，宋史卷三三二有傳。

〔一〇〕有穴方廣才丈許　「才丈許」，津逮本、學津本、曹本皆作「寸尺許」。

〔一一〕百枚　「枚」，津逮本、學津本、曹本均作「枝」。

〔一二〕李道達遇女妖事　「道達」及下言「道達」，津逮本、學津本皆作「達道」。

〔三〕孫傅師名覽「傳」，津逮本、學津本皆作「傅」。下文亦同。按，孫覽字傳師，宋史卷三四四有附傳。

〔四〕席大光作言官「席大光」，曹本作「司馬光」。

〔五〕草木書董多食損知「草木書」，學津本、曹本均作「本草書」。

〔六〕道非明之「明之」，學津本、曹本作「明民」。

附録一

邵博字公濟，河南人。八年十月，因上殿，賜同進士出身。是年十月除。九年五月，知泉州。

（録自宋陳騤撰南宋館閣録卷八）（武林掌故叢編本）

紹興二十有二年秋七月辛亥，左朝散大夫知眉州邵博罷。先是，直徽猷閣程敦厚廢還里居，專以持郡縣短長通賕謝爲業。及博爲守，貌禮之，而凡以事來，輒不答。敦厚銜之。會直徽猷閣成都府路轉運副使吴坰從襄陽來，多以襄人自隨，分屬郡取俸，博獨不予。敦厚知坰怒，乃爲匿名書，訐博過惡，及其帷簿等數十事，遣人持置成都客舍。坰得之大喜，劾於朝。詔罷博，令成都府究其事。前是，坰已捕博送成都府司理獄，司理參軍韓汴懦不及事，坰擇刻深吏簽判官廳公事楊筠主鞫之。眉州兵馬都監鄧安民以勤力爲博所知，主帑庾之出入，首捕置獄中，數日掠死。博懼，有問即承。提點刑獄公事周綰知其寃，亟詣獄疏決，博乃得出。閲實其事，但得以酒餽遊客及用官紙劄過數等事。獄上，博坐降三官。（敦厚事竝以洪邁夷堅志修入。）

紹興二十有八年夏四月甲辰，降授左朝散郎邵博卒於犍爲縣。

（録自宋李心傳撰建炎以來繫年要録卷一六三、卷一七九）（叢書集成本）

先子入蜀時，與邵子文遇於長安，同遊興慶池，有詩倡酬，相得驩甚。夜讀公濟詩，超然高逸，恨未嘗得講世舊與文盟也。乾道元年五月十八日笠澤漁隱陸某書。

（録自宋陸游撰渭南文集卷二六跋邵公濟詩）（四部叢刊本）

邵公濟博，康節孫，子文之子，溥弟也。其文章贍縟峻整傑出。南渡後，晁以道嘗曰：「恨六一、東坡不見子。」以道名重一時，非多可者。設二文忠果見之，其必置之蘇子美、毛法曹之間乎？其於熙豐、元祐用事臣，涇渭去取，正色書之，曾無依違，使人增氣。盛德後所立偉然，天報之也。此書板在蜀。予丞房陵，制置常伯袁公惠五書，此其一。公知我有好書癖，致之不憚遠負以馬，蓋絅卒也。其勤亘忘，況吾之能好，常伯之肯致，子孫繼吾業歟？皆宜念且寶之。

（録自宋陳造撰江湖長翁文集卷三一題邵太史西山集）（明萬曆李之藻刻本）

（邵伯温）三子：溥、博、傅。

（録自元脱脱等撰宋史卷四三三邵伯温傳）

溥弟博，字公濟，屢官右朝奉大夫，主管襲慶府仙源縣太極境，居犍爲。紹興八年十月，以趙鼎薦，召對。上諭曰：「知卿能文。大臣亦都言卿能文者。」明日，顧二相曰：「邵博不止劄子好，語言皆能成文。」乃詔：「博祖父雍，道德學術爲萬世師；父伯温，經明行潔。博趣操文詞，不忝祖父，賜同進士出身。」時博病新起，上又命近臣往問，賜以金嬰神丹。九年三月，除祕書（監）校書郎兼實録院檢討官，上屬意史官，顧博甚寵，賞賜御府法書、黄金器皿、錦綺珍劑，而言者論其過。五月，出知果州，旋以左朝大夫知眉州。先是，直徽猷閣程敦厚廢還里居，專以持郡縣短長通賕謝爲業。及博爲守，貌禮之，而凡以事來，輒不答。敦厚銜之。會直徽猷閣成都府路轉運副使吴坰從襄陽來，多以襄人自隨，分屬郡取俸，博獨不予。敦厚知坰怒，乃爲匿名書，訐博過惡及其帷簿等數十事，遣人持置成都客舍。坰得之大喜，劾于朝。詔罷博，令成都府究其事。前是，坰已捕送成都府司理獄。提點刑獄公事周綰知其寃，亟詣獄疏決，博乃得出。閲實其事，但得以酒餽遊客及用官紙劄過數等事。獄上，博坐降三官（要録一百六十三）。二十八年，降授左朝散郎。卒于犍爲縣（一百七十九）。

（録自清陸心源輯宋史翼卷一〇邵博傳）（歸安陸氏刊本）

（邵）博字公濟，伯温子，有西山集。

（録自清厲鶚撰宋詩紀事卷五〇）（叢書集成本）

附録二

四庫全書總目提要（卷一四一）

聞見後録三十卷江西巡撫採進本宋邵博撰。博字公濟，伯温子也。是編蓋續其父書，故曰後録。其中論復孟后諸條，亦有與前録重出者。然伯温所記，多朝廷大政，可裨史傳。是書兼及經義、史論、詩話，又參以神怪、俳諧，較前録頗爲瑣雜。又伯温書盛推二程，博乃排程氏而宗蘇軾，觀所記游酢、謝良佐之事，知康節没後，程氏之徒欲尊其師而抑邵，故博有激以報之，蓋估權者務争利，必先合力以攻異黨，異黨既盡，病利之不獨擅，則同類復相攻；講學者務争名，亦先合力以攻異黨，異黨既盡，病名之不獨擅，則同類亦相攻，固勢之必然，不足怪也。至其彙輯疑孟諸説，至盈三卷，證碧雲騢真出梅堯臣手，記王子飛事稱佛法之靈，記湯保衡事推道教之驗，論晏殊薄葬之非，詆趙鼎宗洛學之謬，皆有乖邵子之家法。他若以元稹詩作黄巢之類，引據亦頗疏略，惟其辨宣仁之誣，載司馬光集外章疏之類，可資考訂。議通鑑削屈原之非，駁王安石取馮道之謬，辨伊川易傳非詆垂簾，證紹興玉璽實非和璧，論皆有見，談詩亦多可採。宋人説部完美者稀，節取焉可矣。

附録三

右聞見後録三十卷，宋邵博撰。按繫年要録，博字公濟，伯温次子。紹興間，以趙鼎薦，召試，賜同進士出身，除祕書監校書郎兼實録院檢討官，後知眉州轉運副使。吴坰摭直徽猷閣，程敦厚所投匿名書劾究，閲實其事，但坐以酒餽遊客、用官紙劄過數，降三官。二十八年，以左朝散郎居犍爲縣卒。是編，博自序題紹興二十七年，則作於歿之前一年也。涵芬樓舊藏何小山校本，據毛氏津逮祕書所刊，校以錢遵王述古堂抄本。何氏校竟自記：「自二十一卷後，改正無幾，訛謬仍多。繼得葉伯寅殘抄，以黄筆加校，僅前十四卷。後又得一抄本，未詳所出，以墨筆加校，别稱一本。其間改正，參以三本，頗有斟酌。」此本悉依何校排印，凡據錢本改正之字，不復注明，其從葉本及一本改正錢本之字，則仍以錢本作某，注於字下。涵芬樓舊藏又有曹秋岳家抄本，校與何氏所據一本及葉本，往往相同。黄蕘翁曾取以校入職思居本，卷後跋語謂：「此本雖有訛謬，然中多佳處，竟勝於職思居本云。」因並取附於何校之末焉。

戊午八月新建夏敬觀跋。

唐宋史料筆記叢刊　書目

隋唐嘉話　朝野僉載
〔唐〕劉餗　〔唐〕張鷟

明皇雜録　東觀奏記
〔唐〕鄭處誨　〔唐〕裴庭裕

大唐新語
〔唐〕劉肅

唐語林校證
〔宋〕王讜

東齋記事　春明退朝録
〔宋〕范鎮　〔宋〕宋敏求

澠水燕談録　歸田録
〔宋〕王闢之　〔宋〕歐陽脩

龍川略志　龍川別志
〔宋〕蘇轍

東坡志林
〔宋〕蘇軾

默記　燕翼詒謀録
〔宋〕王銍　〔宋〕王栐

涑水記聞
〔宋〕司馬光

東軒筆録
〔宋〕魏泰

青箱雜記
〔宋〕吴處厚

齊東野語
〔宋〕周密

癸辛雜識
〔宋〕周密

邵氏聞見録
〔宋〕邵伯温

邵氏聞見後録
〔宋〕邵博

程史
〔宋〕岳珂

游宦紀聞　舊聞證誤
〔宋〕張世南　〔宋〕李心傳

鐵圍山叢談
〔宋〕蔡絛

四朝聞見録
〔宋〕葉紹翁

春渚紀聞
〔宋〕何薳

蘆浦筆記
〔宋〕劉昌詩

鶴林玉露
〔宋〕羅大經

湘山野録　續録　玉壺清話
〔宋〕文瑩

泊宅編
〔宋〕方勺

老學庵筆記
〔宋〕陸游

西溪叢語　家世舊聞
〔宋〕姚寬　〔宋〕陸游

石林燕語
〔宋〕葉夢得　〔宋〕宇文紹奕考异

雲麓漫鈔
〔宋〕趙彦衛

鷄肋編
〔宋〕莊綽

清波雜志校注
〔宋〕周煇

建炎以來朝野雜記
〔宋〕李心傳

麟臺故事校證
〔宋〕程俱

師友談記　曲洧舊聞　西塘集耆舊續聞
〔宋〕李廌　〔宋〕朱弁　〔宋〕陳鵠

墨莊漫録　過庭録　可書
〔宋〕張邦基　〔宋〕范公偁　〔宋〕張知甫

侯鯖録　墨客揮犀　續墨客揮犀
〔宋〕趙令畤　〔宋〕彭□輯

北夢瑣言
〔五代〕孫光憲

南部新書
〔宋〕錢易

范成大筆記六種
〔宋〕范成大

容齋隨筆
〔宋〕洪邁

封氏聞見記校注
〔唐〕封演

開元天寶遺事　安禄山事迹
〔五代〕王仁裕　〔唐〕姚汝能

朝野類要
〔宋〕趙升

後山談叢　萍洲可談
〔宋〕陳師道　〔宋〕朱彧

愛日齋叢抄　浩然齋雅談　隨隱漫録
〔宋〕葉寘　〔宋〕周密　〔宋〕陳世崇

蘇氏演義（外三種）
〔唐〕蘇鶚　〔五代〕馬縞　〔唐〕李匡文
〔唐〕李涪

教坊記（外三種）
〔唐〕崔令欽　〔唐〕李德裕　〔唐〕鄭綮
〔唐〕段安節

丁晉公談録（外三種）

〔宋〕潘汝士　〔宋〕夷門君玉

〔宋〕孫升口述　〔宋〕劉延世筆録

〔宋〕孔平仲

奉天録（外三種）

〔唐〕趙元一　〔唐〕佚名　〔南唐〕尉遲偓

〔南唐〕劉崇遠

靖康緗素雜記

〔宋〕黄朝英

夢溪筆談

〔宋〕沈括

愧郯録

〔宋〕岳珂

錢塘遺事校箋考原

〔宋〕劉一清

曾公遺録

〔宋〕曾布

儒林公議

〔宋〕田況

雲溪友議校箋

〔唐〕范攄

嬾真子録校釋

〔宋〕馬永卿